VARIOS
ANTOLOGÍA DE LA GENERACIÓN DEL

EDICIÓN, INTRODUCCIÓN, NOTAS, COMENTARIOS
Y APÉNDICE

ESPERANZA ORTEGA

Biblioteca Didáctica Anaya

Los propios autores, cuando esto ha sido posible, o sus familiares más allegados en otras ocasiones, han tenido la gentileza de leer las pruebas de este libro.

Sus aclaraciones, sugerencias, consejos, matizaciones o correcciones, según los casos, se han mostrado de gran valor para la edición de esta obra, especialmente en cuestiones relacionadas con las biografías de los poetas del Grupo.

Nuestro agradecimiento más sincero, pues, por la premura y el esfuerzo con que todos ellos han respondido a la petición de la editorial.

Dirección de la colección: Antonio Basanta Reyes y Luis Vázquez Rodríguez.
Diseño de interiores y cubierta: Antonio Tello.
Dibujos: Mario Lacoma.
Ilustración de cubierta: Javier Serrano Pérez.

Í N D I C E

INTRODUCCIÓN	5
Época	7
La dictadura de Primo de Rivera (1923-31)	9
La segunda República (1931-36)	10
Literatura	11
El ambiente cultural	11
Personalidades intelectuales más influyentes	13
Movimientos de vanguardia	14
La generación del 27: nacimiento	16
Nómina de la generación	20
Características de la generación	20
Tres etapas en la generación	22
Cuestiones	26
Criterio de esta edición	27
ANTOLOGÍA DE LA GENERACIÓN DEL 27	27
Sombra del paraíso (Tema de *la nostalgia*)	31
Comentario 1	38

La voz a ti debida (Tema *del amor*) 49
    Comentario 2 60

Jardín cerrado (Tema de *la soledad*) 89

Cántico (Tema de *la plenitud*) 115
    Comentario 3 119

Poeta en la calle (Tema de *lo civil*) 127
    Comentario 4 130

Manual de espumas (Tema *del juego y de la gracia*). 153

Donde habite el olvido (Tema de la *muerte*) 179
    Comentario 5 206

APÉNDICE 207

Estudio de la obra 209
    El ritmo y el lenguaje 210
    Los temas 212

Biografías 218
    Federico García Lorca (1898-1936) 218
    Rafael Alberti (1902) 219
    Pedro Salinas (1891-1951) 220
    Luis Cernuda (1902-1963) 220
    Jorge Guillén (1893-1984) 221
    Vicente Aleixandre (1898-1984) 222
    Dámaso Alonso (1898) 223
    Gerardo Diego (1896) 223
    Emilio Prados (1899-1962) 224
    Manuel Altolaguirre (1905-1959) 225
    José Moreno Villa (1887-1955) 225
    Rosa Chacel (1898) 226
    José Bergamín (1895-1983) 227

Índice de autores 228

BIBLIOGRAFÍA 229

INTRODUCCIÓN

Guitarra en la noche, *de Gregorio Prieto.*

ÉPOCA

El año 1902 comienza el reinado de Alfonso XIII, que pone fin a la regencia de su madre, María Cristina. El joven rey —acaba de cumplir 16 años cuando accede al trono— se encuentra con un país en crisis sobre el que repercutirá tanto la situación internacional como los propios desequilibrios internos.

En el plano social destaca un enorme crecimiento demográfico, sobre todo en los grandes centros urbanos, Madrid y Barcelona. Estas ciudades cambian rápidamente su fisonomía: surgen nuevas industrias y numerosos bancos y centros comerciales; se organizan los transportes colectivos, aumenta la prensa diaria, etc. Barcelona, por ejemplo, duplica su población entre los años 1920 y 1930.

En esta situación de cambio repercute decisivamente la primera guerra mundial (1914-1918). La postura de neutralidad adoptada por España agudiza las tensiones socia-

les. La oligarquía se enriquece con las exportaciones a los países en guerra, y las clases trabajadoras se empobrecen aún más por la subida de los precios.

En el plano político, los españoles se enfrentan con muchos y muy diversos problemas: el regionalismo vasco y catalán, las reivindicaciones del movimiento obrero y la sangría económica que suponen las guerras de África...

Los grandes partidos históricos, conservador y liberal, se descomponen, no pueden hacer frente a problemas de tan difícil solución. Es esta crisis de la monarquía parlamentaria, unida a la frustración de todo intento reformista, la que propicia que, el año 1923, el general Primo de Rivera dé un golpe de estado que es aceptado por Alfonso XIII.

Las clases trabajadoras no se verán beneficiadas por la coyuntura alcista de la Gran Guerra. (Elaborando el queso, *óleo de Benjamín Palencia.*)

La dictadura de Primo de Rivera (1923-30)

La dictadura pretendía ser una solución de urgencia ante el caos político y social. El poder, concentrado en una sola mano y con mucha más capacidad de ejecución, solucionó el problema marroquí y acometió una brillante política de obras públicas. Incluso intentó Primo de Rivera un entendimiento con las clases trabajadoras, a través de la alianza con el sindicato socialista. Pero la supresión de las libertades enfrentó al general con la minoría de intelectuales que habían protagonizado el intento reformista en los dos decenios anteriores. Los destierros, multas, encarcelamientos de personalidades, algunas tan prestigiosas

Un halo mesiánico pretendió crearse alrededor de la figura de Primo de Rivera. (Retrato del dictador, obra de Pinazo.)

como Unamuno o Valle-Inclán, funcionaron como revulsivos ideológicos que se volvían en contra del dictador. Sin embargo, el factor que precipitó la caída de Primo de Rivera fue la gran crisis financiera que impidió el desarrollo económico anhelado por la burguesía. El fin de la dictadura significó también el fin de la monarquía parlamentaria. En 1931 el electorado urbano se manifestó masivamente a favor de la República, a la que consideraba como la única esperanza de cambio y regeneración.

La segunda República (1931-36)

El primer gobierno de la República, presidido por Azaña, emprende la reforma del ejército y la reforma agraria, a la vez que proclama la libertad de credo, en su intento de transformar España en un Estado laico y moderno. Pero estos afanes chocan con los sectores más conservadores, que ven en las reformas una amenaza a su *status* social y a su misma identidad nacional. Dos años más tarde, la coalición de derechas CEDA, con Gil Robles como líder, sucede en el poder a republicanos y socialistas. Gil Robles se encarga de dar marcha atrás a las reformas del anterior gobierno y provoca así un malestar social cada vez más agudo. La violencia y la crispación son los protagonistas tanto en el Parlamento como en la calle. Esta es la causa de que en 1936 todas las fuerzas populares, incluso el anarquismo libertario, se unan en la coalición del Frente Popular que gana las elecciones de la República.

Los sectores derechistas, decepcionados ante el fracaso electoral, ponen sus esperanzas en las nuevas soluciones totalitarias que propone el fascismo europeo. Algunos generales descontentos se unen al movimiento falangista y tradicionalista, protagonizando el levantamiento militar que dará origen a la guerra civil española, larga y sangrienta. Cuando en 1939 el general Franco asume totalmente el poder, las dos Españas enfrentadas se escinden por completo.

LITERATURA

El ambiente cultural

La situación de crisis económica que España padece desde principios de siglo no provoca una depresión pareja en el ámbito cultural. Muy al contrario, es éste uno de los momentos más ricos y positivos para el mundo de las artes y del pensamiento.

El cubismo evidencia uno de los mejores momentos del arte español de este siglo. (Muchacha ante el espejo, *de Picasso.*)

En la música destacan creadores como Manuel de Falla, e intérpretes reconocidos internacionalmente, como Pau Casals. Juan Gris, Joan Miró, Salvador Dalí y Pablo Picasso son figuras señeras, sin cuya aportación no se podría explicar la pintura europea del siglo XX. Incluso en el campo científico, poco desarrollado tradicionalmente por los españoles, aparecen muy dignos representantes, entre

La renovación cultural del primer tercio de siglo tiene, en Revista de Occidente, *un cualificado portavoz.*

los que se cuentan Santiago Ramón y Cajal, Pío del Río Hortega o Gregorio Marañón.

¿Por qué se produce durante las tres primeras décadas del siglo este apogeo cultural en España? Es fruto, desde luego, de muy diversos factores, entre los que se cuenta, incluso, el azar. La proliferación de ateneos y universidades populares, el desarrollo de la prensa, las traducciones de autores extranjeros (Pedro Salinas traduce a Proust, Dámaso Alonso a Joyce, etc.) y la coincidencia de grandes personalidades intelectuales, contribuyeron decisivamente a la consecución de este esplendor literario y artístico. El año 1917 aparece el diario *El Sol,* en el que van a colaborar las mejores firmas del momento, y, en 1924, Ortega y Gasset funda *La Revista de Occidente,* otro órgano de difusión de la cultura europea.

Personalidades intelectuales más influyentes

A este apogeo cultural contribuyeron también algunas personalidades individuales: Juan Ramón Jiménez, José Ortega y Gasset y Ramón Gómez de la Serna, son los tres autores que más influyeron en la generación literaria inmediatamente posterior.

Ante la situación de crisis algunos autores, como Miguel de Unamuno, respondían con una actitud angustiada y comprometida con la realidad. Otros, en cambio, siguiendo la tradición modernista, conectan más lo literario con la historia cultural que con la historia social. Pronto se impone esta segunda opción.

Juan Ramón Jiménez plantea desde 1914 una búsqueda de la pureza formal, de la pulcritud y desnudez del sentimiento, un camino de rigor y exigencia poética. El rechazo del arte representativo, que es general en Europa, influye no sólo en los poetas, sino también en los nuevos prosistas, como Benjamín Jarnés o Rosa Chacel. Esta actitud aparece reflejada en el ensayo que publica Ortega y Gasset en 1925 y que lleva el título de *La deshumanización del arte*.

Movimientos de vanguardia

En tal ambiente de curiosidad y deseo de cambio inciden las vanguardias europeas desde una fecha muy temprana. Ramón Gómez de la Serna es el introductor en España de los primeros movimientos. Ya en 1908 publica *El concepto*

La vanguardia creativa se impone sin límites a la imaginación (Cuento oriental, de X. Güell.)

de la nueva literatura, considerado como el primer manifiesto vanguardista español. Alrededor de su figura y de su tertulia en el café Pombo, se desarrolló el Ultraísmo y el Creacionismo. Suponían, Ultraísmo y Creacionismo, una síntesis hispánica de numerosos movimientos vanguardistas europeos: Futurismo, Dadaísmo, Cubismo, etc.

El Ultraísmo, que se introduce en España en 1918, propugna un arte liberado de las trabas de la razón, una literatura que funcione como un juego disparatado y dichoso, sin reglas que limiten la imaginación del poeta. El Creacionismo continúa este mismo camino, y propone a «la imagen» como germen único del poema. Juan Larrea y Cansinos Asséns hacen suyos los versos de Vicente Huidobro, fundador del Creacionismo, que afirmaba: «¿Por qué cantáis la rosa —¡oh poetas!—? / Hacedla florecer en el poema».

Después de la primera guerra mundial, ya entrados los años 20, llega a España el Surrealismo. En el plano literario, la «escritura automática», en la que el inconsciente se manifiesta de forma directa, sin que intervenga la razón, es su aportación fundamental. Las imágenes oníricas inundan los textos, cada vez más difíciles de interpretar racionalmente. El Surrealismo vuelve los ojos, a su vez, hacia los temas enraizados en lo humano y remata así el ciclo liberador de la vanguardia.

Esta es la brillante herencia cultural que el grupo del 27 recibe. Un gran modelo de rigor en Juan Ramón Jiménez, contrapesado por el ejemplo de libertad creadora que supuso Gómez de la Serna, junto con la amplitud cultural y moral de Ortega y Gasset. A su lado, la base experimental de los movimientos vanguardistas, que han ido eliminando falsos prejuicios y teorías trasnochadas. Todos estos factores propiciaron la gran eclosión que ha sido llamada «Edad de Plata» de nuestra literatura, y que es el objeto de nuestro estudio.

La generación del 27: nacimiento

Para que se pueda hablar de una generación literaria, sus miembros deben coincidir cronológicamente. Cada autor puede diferir mucho de sus coetáneos, pero esta afinidad cronológica supone que ha contemplado el mismo mundo, que se ha conmovido ante los mismos acontecimientos, políticos, sociales, estéticos, etc. Partiendo de idéntica realidad, cada uno de ellos conforma su propia actitud

Sevilla, capital cosmopolita en los años 20, compartirá con Madrid el nacimiento de la «generación del 27». (Plaza de España, en 1929.)

individual. Esta afinidad cronológica se cumple en la generación que nos ocupa. Al comenzar el año 1927, fecha clave para la generación, Pedro Salinas, el mayor, tiene 36 años, y Manuel Altolaguirre, el menor, 22.

Existen también entre los componentes de este grupo unos estrechos lazos de amistad. Estos lazos no se rompen ni siquiera después de la guerra civil, cuando el éxodo les separa físicamente. Ellos permanecen unidos en la correspondencia y en la memoria común. El que estos poetas sean amigos supone un intercambio natural de ideas y descubrimientos estéticos, sin los cuales puede que la calidad de cada una de sus obras no hubiera sido posible.

Uno de los núcleos de agrupación e intercambio es la Residencia de Estudiantes que por aquella época dirigía Alberto Jiménez Freud. F. G. Lorca llega desde Granada en 1919 y se instala en la Residencia. Allí estaba Emilio Prados, y, en 1924, es la Residencia el lugar de encuentro con Rafael Alberti, con el que ambos entablan una estrecha amistad. Allí viven también por entonces José Moreno Villa, Luis Buñuel y Salvador Dalí, compañeros en inquietudes estéticas. El ambiente de la Residencia tenía que atraer a estos jóvenes estudiantes, que compartían parecidas aficiones.

Otro cúmulo de coincidencias felices hace que se reúnan hacia 1924 en la sierra del Guadarrama poetas como Vicente Aleixandre, Dámaso Alonso y Rafael Alberti. Éste es el núcleo del que va a surgir la generación.

Algunos, por circunstancias personales, no pueden convivir en la capital de España. Desde 1919, el poeta vallisoletano Jorge Guillén está escribiendo *Cántico,* uno de los libros fundamentales de esta generación. Pues bien, cinco años después ya mantiene Jorge Guillén correspondencia regular con Lorca. ¿Cómo se han conocido? A través de amigos comunes y, sobre todo, a través de las revistas literarias.

El otro núcleo geográfico del que parte la generación está en Sevilla. No olvidemos que la mayor parte de estos poetas son andaluces. Pedro Salinas llega a Sevilla el año 1918 para ocupar su cátedra en la Universidad. Allí tomará contacto con otro joven poeta, Luis Cernuda, que será también, con el tiempo, integrante de la generación.

El año 1927, un acontecimiento literario reúne a los nuevos poetas en Sevilla. Es el centenario de Góngora. Desde Madrid han viajado juntos Federico García Lorca, Jorge Guillén, Dámaso Alonso, Gerardo Diego, Rafael Alberti, José Bergamín y Juan Chabás. Vienen invitados por el Ateneo y se alojan en un lujoso hotel que costea el famoso torero Ignacio Sánchez Mejías, amigo personal de Federico y Alberti. En este homenaje, del que se conserva un reportaje fotográfico, los nuevos artistas recuerdan al viejo poeta, olvidado e incomprendido: al poeta de la imagen y de la exigencia formal, al que la crítica académica aún no entiende. Esta reunión es el símbolo de la voluntad de congregación y de cambio del grupo del 27.

Por aquel tiempo ya empieza a contar la generación con un conjunto variado de revistas donde publican habitualmente. Hasta 1926 han venido colaborando en las publicaciones ultraístas o en aquellas que estaban dirigidas por grandes maestros como Juan Ramón Jiménez (*Índice*) u Ortega y Gasset (*La Revista de Occidente*). Ahora van a contar con órganos propios de difusión. Aparece *Litoral* en Málaga, dirigida por Manuel Altolaguirre y Emilio Prados, en 1927. *Verso y prosa,* en Murcia, y *Carmen,* en Santander. Castilla también cuenta con dos revistas importantes: *Meseta,* en Valladolid, y *Parábola,* en Burgos. Lorca colabora en la fundación de *Gallo,* en Granada. Todas ellas son revistas artesanales. Editan pocos números y van dirigidas a un público muy minoritario. Su calidad plástica y su composición es, en todos los casos, tremendamente esmerada. Algunas, como *Litoral,* son

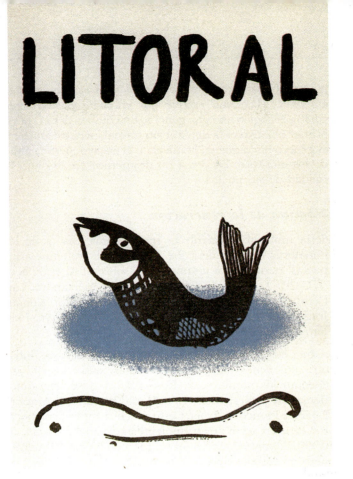

Litoral, *ligada a Altolaguirre, aglutinará el núcleo andaluz de la generación.*

editadas por los propios poetas. Cuentan que Altolaguirre distribuía *Litoral* por las librerías de Málaga llevando los ejemplares en un cochecito de bebé; y que al bajar su capota aparecían los numeros como pequeños recién nacidos a la vida literaria.

En aquellas revistas colaboraban también numerosos prosistas, que compartían con los poetas afinidades e inquietudes. Sus obras aparecieron ya entrados los años 30, sobre todo en la época de la República. Benjamín Jarnés publica *El profesor inútil*, en 1926, y Rosa Chacel inaugura su trayectoria literaria con *Estación de ida y vuelta*, en 1930. Max Aub escribe por entonces *Fábula verde* (1933). Es lógico que una generación como la del 27, cuyo primer objetivo es la depuración formal, penetre antes en el género lírico que en la novela y el ensayo, pero la valía de los escritores en prosa no desmerece en absoluto la calidad de sus poetas.

Nómina de la generación

Sería muy difícil establecer una nómina exacta de los miembros de la generación del 27. Si atendemos a los poetas, éstos son los nombres más sobresalientes: Federico García Lorca, Rafael Alberti, Vicente Aleixandre, Luis Cernuda, Gerardo Diego, Dámaso Alonso, Pedro Salinas, Jorge Guillén, Emilio Prados, Manuel Altolaguirre, Juan Larrea y José Moreno Villa.

A esta larga lista de poetas habría que añadir, sin duda, otra no menos extensa de prosistas, entre los que se cuentan los nombres de Rosa Chacel, José Bergamín, Benjamín Jarnés, Max Aub, María Zambrano, Antonio Espina y Francisco Ayala. Otros muchos autores colaboraron en la creación de un ambiente intelectual propicio, en la crítica puntual, en los proyectos y en las celebraciones; pero un estudio más completo sobrepasa los límites de nuestro trabajo.

Características de la generación

La primera característica de esta generación es su extremada «conciencia artística», su confianza, desde los momentos iniciales, en la importancia del arte como creación y profundización de la vida. Esta conciencia artística les lleva a interesarse fundamentalmente por el empleo depurado y adecuado de la forma y la lengua poética. Intentan llegar, siguiendo los pasos de Juan Ramón Jiménez, a una «poesía pura», exigente e inocente, en donde no haya sitio para la banalidad y el prosaísmo. Por eso son tachados por algunos como poetas deshumanizados, que ponen por encima del hombre al arte mismo.

Estrechamente ligado a este anhelo de perfección formal aparece un común desprecio hacia el fácil sentimentalismo. Este desprecio lo comparten con los poetas vanguardistas, que les precedieron inmediatamente.

Sin embargo, frente a la búsqueda de una lengua poética depurada, hallamos otro centro de interés que le sirve de contrapeso y que va en una dirección distinta: el anhelo de recuperación y encarnación poética de la tradición española, tanto la culta —valoración de Góngora—, como la popular —interés por la recreación del romancero y el cante jondo—. La poesía tradicional les sugiere a estos poetas nuevos temas, profundamente arraigados en lo humano, como el amor o la muerte. Y les ofrece, además, un modelo de sencillez formal aparente, una gramática simple desarrollada en el tiempo.

El Romancero será una de las fuentes de inspiración poética. (Ilustración para Pasaron 3 torerillos, *de García Lorca.)*

De estas dos tendencias, «pura» y «tradicional», surge finalmente una interpretación de la poesía como misterio, que todos los miembros de la generación comparten; una visión de lo poético como base del descubrimiento de la realidad.

Como ha señalado Dámaso Alonso, esta generación no nace «en contra de nada», no desea, como los ultraístas, acabar con la tradición literaria. No publica manifiestos iconoclastas, no viene a tachar, sino a escribir poesía. Y por eso es una generación abierta a todas las tendencias de su tiempo.

Tres etapas en la generación

Todo movimiento literario padece, con el transcurso del tiempo, una evolución. Suele haber en ellas, como en los seres humanos, un momento de formación, otro de madurez y un tercero de dispersión, en el que los rasgos característicos se diluyen. Algo parecido sucede con la generación que nos ocupa. Veamos en qué consiste cada una de las etapas que la constituyen:

1.ª *Etapa - Iniciación (1920-1928)*

Como estamos ante grandes creadores, ya desde los primeros momentos cada uno de ellos nos hace llegar una voz propia. El más precoz en el tiempo fue Gerardo Diego que, en 1921, publica dos de sus mejores libros: *Imagen* y *Limbo*. Estas primeras obras giran en la órbita del creacionismo.

Un año clave en esta etapa inicial es 1924. En él dos poetas de esta generación, G. Diego y R. Alberti, obtienen un importante reconocimiento: el Premio Nacional de Literatura. Alberti ya combina en su libro *Marinero en tierra* tradición y modernidad. Esta etapa va a finalizar en 1928, después de la fecha simbólica del centenario de Góngora. En 1928 aparecen libros culminantes: García

Bodegón con libros, *homenaje de Gregorio Prieto a sus amigos de la Generación del 27.*

Lorca publica aquel año su *Romancero gitano* y J. Guillén la primera edición de *Cántico,* dos obras de equilibrio y de encuentro prodigioso entre la voluntad y la palabra del poeta.

2.ª *Etapa - Madurez (1928-1936)*

Corresponde a la época de mayor esplendor de la generación. El momento en que sus componentes están más estrechamente unidos y nada se interpone entre ellos y la poesía.

Las obras publicadas en 1929 abren un abanico de tendencias renovadoras. Por ejemplo, el clasicismo gongorino está representado por *La fábula de Equis y Zeda,* de G. Diego. Por otra parte, la influencia surrealista se hace patente en *Sobre los ángeles,* de Alberti, o en *Pasión de la tierra,* de Vicente Aleixandre. Con el surrealismo coinciden estos poetas en un mismo sentimiento de angustia existencial, expresado en vivísimas imágenes oníricas. Sin embargo, no aceptan la escritura automática porque consideran a la poesía como un arte consciente, que debe aspirar a la perfección. En 1931 García Lorca da a conocer *Poeta en Nueva York* (obra publicada póstumamente), y quizá la más importante y madura del surrealismo español. La guerra civil va a marcar el final de este esplendor. En este momento cada poeta había encontrado su camino propio y singular. Alberti, ya dentro del partido comunista, publicaba en 1936 *Poeta en la calle,* dando así un giro a su obra y oriéntandola hacia la preocupación cívica y social. Jorge Guillén permanecía fiel a su intento de depuración de poesía y realidad y publicaba la segunda edición de *Cántico.* También en 1936 Cernuda, el joven poeta sevillano, recoge toda su obra en un volumen que titula *La realidad y el deseo.* No sabemos qué hubiera deparado el destino a esta generación si no hubiera sido cercenada por la guerra civil.

3.ª *Etapa - Disgregación (a partir de 1936)*

La guerra divide y dispersa a los españoles. García Lorca, por ejemplo, paga con su vida una obra dedicada a la búsqueda de la verdad y la belleza. Otros muchos poetas logran escapar a una muerte posible, al silencio que ahogue su voz. Son los poetas del exilio. Algunos no volverán nunca a España, como es el caso de Cernuda, E. Prados o Moreno Villa. Otros retornarán, después de muchos años, para encontrarse con una España ajena, de la que habían perdido las claves, como Bergamín o J. Guillén, que nunca quiso regresar a Valladolid, la ciudad en la que había nacido.

En España sólo permanecen durante la dictadura tres componentes de la generación: Dámaso Alonso, Gerardo Diego y Vicente Aleixandre. Estos tres poetas mantienen, sin embargo, una digna distancia con el régimen dictatorial.

Después de la guerra resalta la importancia que todos estos poetas dedican a los temas filosóficos fundamentales: la muerte, el sentido de la existencia, la injusticia o el mal.

Sobresale asimismo una búsqueda de la eternidad, de una verdad perdurable, propia de los que han visto cómo el terror asolaba ese mundo que amaban y les constituía. Obras como el *El contemplado,* de Pedro Salinas; *Clamor,* de Jorge Guillén, o *Hijos de la ira,* de Dámaso Alonso, son ejemplos de esta nueva sensibilidad.

El sentimiento de añoranza es propio de aquellos que son separados en forma violenta de sus raíces. Rafael Alberti nos proporciona en su libro *Retornos de lo vivo lejano* un ejemplo de esta nostalgia que tantos exilados compartían. *Historia del corazón,* de Vicente Aleixandre, es un exponente del vigor poético que, aun en los peores momentos, el artista puede preservar.

Todavía hoy encontramos algunos sobrevivientes de esta triste y conmovedora historia. Alberti, Rosa Chacel, Dámaso Alonso, Gerardo Diego, Francisco Ayala y María Zambrano permanecen entre nosotros como testigos de la memoria de una España que resistió a las catástrofes y que ya nunca sucumbirá ante la indiferencia y el olvido.

CUESTIONES

▶ ¿Cuáles son las causas que precipitan la caída de la monarquía parlamentaria en 1931?

▶ ¿Qué factores contribuyeron al esplendor cultural que se produjo en España durante los años 20?

▶ ¿Qué es el Ultraísmo?

▶ ¿Cuáles fueron los núcleos de formación e intercambio de la generación del 27?

▶ Señala las dos tendencias principales que caracterizan a la generación del 27.

▶ ¿Qué etapas se pueden distinguir en la evolución de la generación?

▶ ¿Qué significó la guerra civil para la generación del 27?

CRITERIO DE ESTA EDICIÓN

La selección de esta antología está orientada hacia el logro de dos objetivos fundamentales: elaborar una muestra característica de lo mejor y más representativo de la obra de los autores del 27 y, por otra parte, hacerlo de una manera atractiva y accesible para los estudiantes de bachillerato, y de cualquier persona no especializada en el tema. El panorama que se presenta es, por eso, general y globalizado. Se ha atendido tanto en el estudio como en la misma selección, más a las características comunes del grupo que a las peculiaridades que singularizan a cada poeta. Este mismo objetivo nos sugirió la idea de agrupar los poemas en núcleos temáticos, obviando otros criterios cronológicos o formales, pues consideramos que el contenido humano de las composiciones es aquello a o que se accede más fácilmente en un primer acercamiento. Los poemas aparecen agrupados, pues, en grandes bloques temáticos —el amor, la muerte, la soledad, etc...— y cada bloque lleva también el nombre de una obra de algún poeta del 27 que haga de este asunto su tema central. Al final, un índice de autores posibilitará la lectura individualizada de las composiciones de cada poeta.

Nos resta finalmente consignar la ausencia de textos de Juan Larrea y María Zambrano, que no se han podido incluir por razones extraliterarias y ajenas totalmente a nuestra voluntad.

ANTOLOGÍA DE LA GENERACIÓN DEL 27

SOMBRA DEL PARAÍSO

(es el título de un libro de Vicente Aleixandre y da nombre al *tema de la nostalgia*)

QUISIERA ESTAR SOLO EN EL SUR

Quizá▼ mis lentos ojos no verán más el sur▼▼
De ligeros paisajes dormidos en el aire,
Con cuerpos a la sombra de ramas como flores
O huyendo en un galope de caballos furiosos.

5   El sur es un desierto que llora mientras canta,
Y esa voz no se extingue como pájaro muerto;
Hacia el mar encamina sus deseos amargos,
Abriendo un eco débil que vive lentamente.

10 En el sur tan distante quiero estar confundido.
La lluvia allí no es más que una rosa entreabierta;
Su niebla misma ríe, risa blanca en el viento.
Su oscuridad, su luz, son bellezas iguales.

                                 Luis Cernuda:
                                 Un río, un amor, 1929.

▼ Cernuda, al igual que Jorge Guillén, como luego veremos, encabeza todos sus versos con mayúscula.

▼▼ El sur adquiere en este poema un doble valor simbólico: rememoración de la infancia en Sevilla y anhelo de un ámbito en el que se fundan el paisaje y la personalidad del poeta.

DESPEDIDA

Muchachos
Que nunca fuisteis compañeros de mi vida[▼],
Adiós.
Muchachos
Que no seréis nunca compañeros de mi vida,　　5
Adiós.

El tiempo de una vida nos separa
Infranqueable:
A un lado la juventud libre y risueña;
A otro la vejez humillante e inhóspita.　　10

De joven no sabía
Ver la hermosura, codiciarla, poseerla;
De viejo la he aprendido
Y veo a la hermosura, mas la codicio inútilmente.
Mano de viejo mancha　　15
El cuerpo juvenil si intenta acariciarlo.
Con solitaria dignidad el viejo debe
Pasar de largo junto a la tentación tardía.

Frescos y codiciables son los labios besados,
Labios nunca besados más codiciables y frescos apa-
　　　　　　　　　　　　　　　　　　　　[recen.　　20
¿Qué remedio, amigos? ¿Qué remedio?
Bien lo sé: no lo hay.

Qué dulce hubiera sido
En vuestra compañía vivir un tiempo:
Bañarse juntos en aguas de una playa caliente.　　25
Compartir bebida y alimento en una mesa.

[▼] Este poema tiene el mismo tono nostálgico de los «tangos» argentinos, unido al fatalismo propio de la personalidad de Luis Cernuda.

Sonreír, conversar, pasearse
Mirando cerca, en vuestros ojos, esa luz y esa música.

Seguid, seguid así, tan descuidadamente,
30 Atrayendo al amor, atrayendo al deseo,
No cuidéis de la herida que la hermosura vuestra y
[vuestra gracia abren
En este transeúnte inmune en apariencia a ellas.

Adiós, adiós, manojos de gracias y donaires,
Que yo pronto he de irme, confiado,
35 Adonde, anudado el roto hilo, diga y haga
Lo que aquí falta, lo que a tiempo decir y hacer aquí
[no supe.

Adiós, adiós, compañeros imposibles.
Que ya tan sólo aprendo
A morir, deseando
40 Veros de nuevo, hermosos igualmente
En alguna otra vida.

                    Luis Cernuda:
                    La desolación de la quimera, 1962.

PRÓLOGO

El mar. La mar.
El mar. ¡Sólo la mar!

¿Por qué me trajiste, padre,
a la ciudad?

¿Por qué me desenterraste
del mar?

En sueños, la marejada
me tira del corazón;
se lo quisiera llevar.

Padre, ¿por qué me trajiste
acá▼?

Gimiendo por ver el mar,
un marinerito en tierra
iza al aire este lamento:

¡Ay mi blusa marinera;
siempre me la inflaba el viento
al divisar la escollera!

           Rafael Alberti:
           Marinero en tierra, 1924.

▼ Nótese la semejanza que existe entre el ritmo de este poema y el característico de la poesía tradicional. El paralelismo es el recurso básico de la composición.

Junto a la mar y un río y en mis primeros años,
quería ser caballo▼.

Las orillas de juncos eran de viento y yeguas.
Quería ser caballo.

5   Las colas empinadas barrían las estrellas.
Quería ser caballo.

Escucha por la playa, madre, mi trote largo.
Quería ser caballo.

Desde mañana, madre, viviré junto al agua.
10 Quería ser caballo.

En el fondo dormía una niña cuatralba[1].
Quería ser caballo.

[1] De cuatro años (se aplica a la edad de los caballos)

Rafael Alberti:
Entre el clavel y la espada, 1940.

▼ Este verso tiene un valor simbólico y alude a un personaje real, un niño, primo del poeta y compañero de juegos infantiles que, de verdad, deseaba convertirse en un caballo.

Hoy las nubes me trajeron,
volando, el mapa de España.
¡Qué pequeño sobre el río,
y qué grande sobre el pasto
la sombra que proyectaba!

Se le llenó de caballos
la sombra que proyectaba.
Yo, a caballo, por su sombra
busqué mi pueblo y mi casa.

Entré en el patio que un día
fuera una fuente con agua.
Aunque no estaba la fuente,
la fuente siempre sonaba.
Y el agua que no corría
volvió para darme agua.

Rafael Alberti:
Baladas y canciones del Paraná, 1954.

COMENTARIO 1 («Hoy las nubes me trajeron»)

▶ El tema de la nostalgia es muy representativo en la generación del 27. ¿De qué manera expresa R. Alberti ese motivo en el poema?

▶ ¿Cuál es el valor simbólico de «la fuente»? ¿Cómo se representa el sentimiento de vacío y ausencia en los últimos seis versos?

▶ Fijémonos ahora en el ritmo métrico. El metro y la rima de este poema ¿a qué tradición nos remite: a la poesía culta o a la poesía popular española?

▶ ¿Encuentras alguna personificación en el poema que tenga un valor expresivo?

▶ El paralelismo es un recurso fundamental en esta composición. ¿Qué palabras forman apareamientos y qué sentido tienen éstos dentro de su estructura?

▶ En los restantes poemas de R. Alberti, que aparecen agrupados en esta sección, hay alusiones a «los caballos». Señálalas y trata de explicar su significado.

▶ ¿Cómo se ejemplifica en este poema la situación de disgregación y alejamiento de las raíces, propia de la generación del 27 tras la guerra civil?

RETORNOS DE LOS DÍAS COLEGIALES

Por jazmines caídos recientes y corolas
de dondiegos[1] de noche vencidas por el día,
me escapo esta mañana inaugural de octubre
hacia los lejanísimos años de mi colegio.
¿Quién eres tú, pequeña sombra que ni proyectas▼   5
el contorno de un niño casi a la madrugada?
¿Quién, con sueño enredado todavía en los ojos,
por los puentes del río vecino al mar, andando?
Va repitiendo nombres a ciegas, va torciendo
de memoria y sin gana las esquinas. No ignora   10
que irremediablemente la calle de la Luna,
la de las Neverías, la del Sol y las Cruces[2]
van a dar al cansancio de algún libro de texto.

¿Qué le canta la cumbre de la sola pirámide,
qué la circunferencia que se aburre en la página?   15
Afuera están los libres araucarios[3] agudos
y la plaza de toros
con su redonda arena mirándose en el cielo.

Como un látigo, el 1 lo sube en el pescante
del coche que el domingo lo lleva a las salinas[4]   20
y se le fuga el 0 rodando a las bodegas,
aro de los profundos barriles en penumbra.

El mar reproducido que se expande en el muro
con las delineadas islas en breve rosa,
no adivina que el mar verdadero golpea   25
con su aldabón[5] azul los patios del recreo.

---

[1] Plantas que se abren sólo después de ponerse el sol.

[2] Calles del Puerto de Santa María. Pueblo de Cádiz donde Alberti nació y donde estaba el colegio de jesuitas al que acudió en su infancia.

[3] Árboles que se cultivan en parques y jardines.

[4] Instalación para obtener la sal del agua del mar.

[5] Pieza de hierro que se coloca en las puertas para llamar.

▼ El poeta se encuentra con su imagen infantil. Nótese la ternura que expresa la interrogación retórica y el valor poético de la descripción que se refleja en el espejo de la memoria.

¿Quién es éste del cetro en la lámina muerta,
o aquél que en la lección ha perdido el caballo?
No está lejos el río que la sombra del rey
melancólicamente se llevó desmontada.

Las horas prisioneras en un duro pupitre
lo amarran como un pobre remero castigado
que entre las paralelas rejas de los renglones
mira su barca y llora por asirse del aire.

Estas cosas me trajo la mañana de octubre,
entre rojos dondiegos de corolas vencidas
y jazmines caídos.

Rafael Alberti:
Retornos de lo vivo lejano, 1956.

ADVENIMIENTO

¡Oh▼ luna, cuánto abril,
Qué vasto y dulce el aire!
Todo lo que perdí
Volverá con las aves▼▼.

Sí, con las avecillas
Que en coro de alborada 5
Pían y pían, pían
Sin designio de gracia.

La luna está muy cerca,
Quieta en el aire nuestro. 10
El que yo fui me espera
Bajo mis pensamientos.

Cantará el ruiseñor
En la cima del ansia.
Arrebol, arrebol 15
Entre el cielo y las auras[1].

¿Y se perdió aquel tiempo
Que yo perdí? La mano
Dispone, dios ligero,
De esta luna sin año. 20

Jorge Guillén:
Cántico[2], 1950.

....
[1] Viento suave del amanecer.

....
[2] *Cántico* tuvo cuatro ediciones, la primera data de 1928 y la última y definitiva de 1950.

|||||||||||||||||||||||||||||||||||||||||||||||||||||||||||||||||||||||||||||||||||||

▼ Jorge Guillén inicia todos sus versos con mayúsculas, es una particularidad de su poesía.

▼▼ El tema nostálgico del *Paraíso perdido* se enriquece con la sensación de plenitud propia de *Cántico*, un himno de alabanza al mundo del presente.

LOS RECUERDOS

¿Qué fue de aquellos días que cruzaron veloces,
Ay, por el corazón? Infatigable a ciegas,
Es él por fin quien gana. ¡Cuántos últimos goces!
¡Oh tiempo: con tu fuga mi corazón anegas!

Jorge Guillén:
Cántico, 1950.

NO OLVIDES

Recuerda todas las fechas.
Recuerda todas las cosas.
Limita con blancas nubes
el jardín de tu memoria.
Muérete debajo de ella,
bajo su sombra.

Manuel Antolaguirre:
Poemas de las islas invitadas, 1944.

CIUDAD DEL PARAÍSO

Siempre te ven mis ojos, ciudad de mis días marinos.
Colgada del imponente monte, apenas detenida
en tu vertical caída a las ondas azules,
pareces reinar bajo el cielo, sobre las aguas▼,
intermedia en los aires, como si una mano dichosa   5
te hubiera retenido, un momento de gloria, antes de
[hundirte para siempre en las olas amantes.

Pero tú duras, nunca desciendes, y el mar suspira
o brama, por ti, ciudad de mis días alegres,
ciudad madre y blanquísima donde viví, y recuerdo
angélica ciudad que, más alta que el mar, presides
[sus espumas.   10

Calles apenas, leves, musicales. Jardines
donde flores tropicales elevan sus juveniles palmas
[gruesas.
Palmas de luz que sobre las cabezas, aladas,
mecen el brillo de la brisa y suspenden
por un instante labios celestiales que cruzan   15
con destino a las islas remotísimas, mágicas,
que allá en el azul índigo[1], libertadas, navegan.

Allí también viví, allí, ciudad graciosa, ciudad honda.
Allí, donde los jóvenes resbalan sobre la piedra
[amable,
y donde las rutilantes paredes besan siempre   20
a quienes siempre cruzan, hervidores, en brillos.

---

[1] Añil. Color entre azul y violáceo.

▼ Se refiere a Málaga, ciudad en la que vivió en su infancia y que siempre llevará en su corazón. Con estas primeras imágenes representa su perfil geográfico, que se adentra en el mar.

Allí fui conducido por una mano materna.
Acaso de una reja florida una guitarra triste
cantaba la súbita canción suspendida en el tiempo;
quieta la noche, más quieto el amante,
bajo la luna eterna que instantánea transcurre.

Un soplo de eternidad pudo destruirte,
ciudad prodigiosa, momento que en la mente de un
[Dios emergiste.
Los hombres por un sueño vivieron, no vivieron,
eternamente fúlgidos[2] como un soplo divino.

[2] Resplandecientes.

Jardines, flores. Mar alentando como un brazo que
[anhela
a la ciudad voladora entre monte y abismo.
Blanca en los aires, con calidad de pájaro suspenso
que nunca arriba. ¡Oh ciudad no en la tierra!

Por aquella mano materna fui llevado ligero
por tus calles ingrávidas. Pie desnudo en el día.
Pie desnudo en la noche. Luna grande. Sol puro.
Allí el cielo eras tú, ciudad que en él morabas.
Ciudad que en él volabas con tus alas abiertas.

>Vicente Aleixandre:
>*Sombra del paraíso,* 1944.

AL COLEGIO

Yo iba en bicicleta al colegio.
Por una apacible calle muy céntrica de la noble ciu-
[dad misteriosa▼.
Pasaba ceñido[1] de luces, y los carruajes no hacían
[ruido.
Pasaban majestuosos, llevados por nobles alazanes
[o bayos, que caminaban con eminente porte.
¡Cómo alzaban sus manos al avanzar, señoriales, de-
[finitivos,
no desdeñando el mundo, pero contemplándolo
desde la soberana majestad de sus crines!
Dentro, ¿qué? Viejas señoras, apenas poco más que
[de encaje,
chorreras[2] silenciosas, empinados peinados, viejísi-
[mos terciopelos:
silencio puro que pasaba arrastrado por el lento
[tronco[3] brillante.

Yo iba en bicicleta, casi alado, aspirante[4].
Y había anchas aceras por aquella calle soleada.
En el sol, alguna introducida mariposa volaba sobre
[los carruajes y luego por las aceras
sobre los lentos transeúntes de humo.
Pero eran madres que sacaban a sus niños más chi-
[cos.
Y padres que en oficinas de cristal y sueño...
Yo al pasar los miraba.
Yo bogaba en el humo dulce, y allí la mariposa no
[se extrañaba.

[1] Rodeado.
[2] Cuello de encaje.
[3] El «lento tronco» es una carroza. Metonimia.
[4] Anhelante.

▼ Si comparamos este poema con «Retornos a los días colegiales», de R. Alberti, notaremos la opuesta interpretación que ambos hacen del mismo suceso: el camino diario al colegio.

Pálida en la irisada[5] tarde de invierno,
se alargaba en la despaciosa calle como sobre un
            [abrigado valle lentísimo.
Y la vi alzarse alguna vez para quedar suspendida
sobre aquello que bien podía ser borde ameno de
            [un río.
Ah, nada era terrible.
La céntrica calle tenía una posible cuesta y yo as-
            [cendía, impulsado.
Un viento barría los sombreros de las viejas señoras.
No se hería en los apacibles bastones de los caba-
            [lleros.
Y encendía como una rosa de ilusión, y apenas de
            [beso, en las mejillas de los inocentes.
Los árboles en hilera era un vapor inmóvil, delica-
            [damente
suspenso bajo el azul. Y yo casi ya por el aire,
yo apresurado pasaba en mi bicicleta y me sonreía...
y recuerdo perfectamente
cómo misteriosamente plegaba mis alas en el um-
            [bral mismo del colegio.

[5] Brillante.

           Vicente Aleixandre:
           Historia del corazón, 1954.

LA HERMANILLA

Tenía la naricilla respingona, y era menuda.
¡Cómo le gustaba correr por la arena! Y se metía en
[el agua,
y nunca se asustaba.
Flotaba allí como si aquél hubiera sido siempre su
[natural elemento.
Como si las olas la hubieran acercado a la orilla,
trayéndola desde lejos, inocente en la espuma, con
[los ojos abiertos bajo la luz.
Rodaba luego con la onda sobre la arena y se reía,
[risa de niña en la risa del mar,
y se ponía de pie, mojada, pequeñísima,
como recién salida de las valvas[1] de nácar,
y se adentraba en la tierra,
como en préstamo de las olas.

¿Te acuerdas?
Cuéntame lo que hay allí en el fondo del mar.
Dime, dime, yo le pedía.
No recordaba nada.
Y riendo se metía otra vez en el agua
y se tendía sumisamente sobre las olas.

                Vicente Aleixandre:
                Historia del corazón, 1924.

---

[1] Cada una de las piezas que forman la concha de los moluscos.

UNA VOZ DE ESPAÑA

Desde el caos inicial, una mañana
desperté. Los colores rebullían.
Mas tiernos monstruos ruidos me decían:
«mamá», «tata», «guaguau», «Carlitos», «Ana»▼.

5 Todo —«vivir», «amar»— frente a mi gana,
como un orden que vínculos prendían.
Y hombre fui. ¿Dios? Las cosas me servían;
yo hice el mundo en mi lengua castellana.

Crear, hablar, pensar, todo es un mismo
10 mundo anhelado, en el que, una a una,
fluctúan las palabras como olas.

Cae la tarde, y vislumbro ya el abismo.
Adiós, mundo, palabras de mi cuna;
adiós, mis dulces voces españolas.

Dámaso Alonso:
*Tres sonetos sobre la lengua
castellana,* 1958

▼ En este poema el objeto de la nostalgia son las palabras mismas, materia viva y representación del mundo, sobre todo para la sensibilidad del poeta.

LA VOZ A TI DEBIDA

(es el título de un libro de Pedro Salinas
y da nombre al *tema del amor*)

NO DECÍA PALABRAS

No decía palabras,
Acercaba tan sólo un cuerpo interrogante▼,
Porque ignoraba que el deseo es una pregunta
Cuya respuesta no existe,
5   Una hoja cuya rama no existe,
Un mundo cuyo cielo no existe.

La angustia se abre paso entre los huesos,
Remonta por las venas
Hasta abrirse en la piel,
10 Surtidores de sueño
Hechos carne en interrogación vuelta a las nubes.

Un roce al paso,
Una mirada fugaz entre las sombras,
Bastan para que el cuerpo se abra en dos,
15 Ávido de recibir en sí mismo
Otro cuerpo que sueñe;
Mitad y mitad, sueño y sueño, carne y carne,
Iguales en figura, iguales en amor, iguales en deseo.

Aunque sólo sea una esperanza,
20 Porque el deseo es una pregunta cuya respuesta na-
[die sabe.

Luir Cernuda:
Los placeres prohibidos, 1931.

|||||||||||||||||||||||||||||||||||||||||||||||||||||||||||||||||||||||||||||||||||||||||||||

▼ El poema tiene una estructura circular: comienza y finaliza con la misma definición del deseo, como interrogación absoluta entre los cuerpos que se aman.

SI EL HOMBRE PUDIERA DECIR

Si el hombre pudiera decir lo que ama,
Si el hombre pudiera levantar su amor por el cielo
Como una nube en la luz;
Si como muros que se derrumban,
Para saludar la verdad erguida en medio,
Pudiera derrumbar su cuerpo, dejando sólo la ver-
 [dad de su amor.
La verdad de sí mismo,
Que no se llama gloria, fortuna o ambición,
Sino amor o deseo,
Yo sería aquel que imaginaba;
Aquel que con su lengua, sus ojos y sus manos
Proclama ante los hombres la verdad ignorada,
La verdad de su amor verdadero.

Libertad no conozco sino la libertad de estar preso
   [en alguien
Cuyo nombre no puedo oír sin escalofrío;
Alguien por quien me olvido de esta existencia mez-
   [quina
Por quien el día y la noche son para mí lo que quiera.
5 Y mi cuerpo y espíritu flotan en su cuerpo y espíritu
Como leños perdidos que el mar anega¹ o levanta ⎡1 Inunda.
Libremente, con la libertad del amor,
La única libertad que me exalta,
La única libertad porque muero.

10 Tú justificas mi existencia▼:
Si no te conozco no he vivido;
Si muero sin conocerte, no muero, porque no he vi-
   [vido▼▼.

Luis Cernuda:
Los placeres prohibidos, 1931.

|||||||||||||||||||||||||||||||||||||||||||||||||||||||||||||||||||||||||||||||||||||||||

▼ La ruptura del ritmo que se produce en estos últimos versos está originada por un afán extremo de verdad. La palabra aparece desnuda ante el lector, es decir, despojada de todo recurso poético. Se rompe el paralelismo sintáctico de los versos anteriores, desaparecen totalmente los adjetivos y el interlocutor directo del poema («tú») se presenta sin ninguna mediación. Es lo que la crítica ha denominado como el «prosaísmo» de L. Cernuda.

▼▼ Compárense estos tres últimos versos con los de Santa Teresa: «Vivo sin vivir en mí / y tan alta vida espero / que muero porque no muero». La desazón espiritual de la escritora mística coincide con la pasión amorosa de L. Cernuda.

UNOS CUERPOS SON COMO FLORES

Unos cuerpos son como flores.
Otros como puñales,
Otros como cintas de agua;
Pero todos, temprano o tarde,
Serán quemaduras que en otro cuerpo se agranden,
Convirtiendo, por virtud del fuego, a una piedra en
[un hombre.

Pero el hombre se agita en todas direcciones,
Sueña con libertades, compite con el viento,
Hasta que un día la quemadura se borra,
Volviendo a ser piedra en el camino de nadie.

Yo, que no soy piedra, sino camino
Que cruzan al pasar los pies desnudos,
Muero de amor por todos ellos;
Les doy mi cuerpo para que lo pisen,
Aunque les lleve a una ambición o a una nube,
Sin que ninguno comprenda
Que ambiciones o nubes
No valen un amor que se entrega▼.

Luis Cernuda:
Los placeres prohibidos, 1931.

▼ Para Cernuda, el destino del hombre es el de arder en el fuego del amor, que él identifica con la vida. La piedra simboliza el final del amor, la muerte misma. Cernuda identifica su vida con esa llama de pasión destructora, y asume ese destino trágico, pues, aunque otros lo ignoren, para él, sólo el amor es la definitiva conquista.

Por amiga, por amiga▼.
Sólo por amiga.

Por amante, por querida.
Sólo por querida.

5 Por esposa, no.
Sólo por amiga.

  Rafael Alberti:
  La amante, 1925.

Si me fuera, amante mía,
si me fuera yo,

si me fuera y no volviera,
amante mía, yo,

5 el aire me traería,
amante mía,
a ti.

  Rafael Alberti:
  La amante, 1925.

Todo lo que por ti vi
—la estrella sobre el aprisco[1],
el carro estival del heno
y el alba del alhelí[2]—,
5 si me miras, para ti.

[1] Lugar cercado, donde se recoge por la noche al ganado.

[2] Planta de jardín, de color verde y olor agradable.

▼ Rafael Alberti recoge la tradición popular y escribe este poema, y los dos siguientes, con el mismo tono y estructura que los villancicos tradicionales.

[3] Planta alargada, con flores blancas.

[4] Incienso de carácter balsámico y medicinal.

Lo que gustaste por mí
—la azúcar del malvavisco[3],
la menta del mar sereno
y el humo azul del benjuí[4]—,
si me miras, para ti.   10

Rafael Alberti:
El alba del alhelí, 1926.

Cúbreme, amor, el cielo de la boca
con esa arrebatada espuma extrema,
que es jazmín del que sabe y del que quema,
brotado en punta de coral de roca.

[1] Desgarradora, como producida por una lanza.

Alóquemelo, amor, su sal, aloca   5
tu lancinante[1] aguda flor suprema,
doblando su furor en la diadema
del mordiente clavel que la desboca.

[2] Calmado, parsimonioso.

¡Oh ceñido fluir, amor, oh bello
borbotar temperado[2] de la nieve   10
por tan estrecha gruta en carne viva,

para mirar cómo tu fino cuello
se te resbala, amor, y se te llueve
de jazmines y estrellas de saliva▼!

Rafael Alberti:
Entre el clavel y la espada, 1940.

▼ En este soneto R. Alberti rinde homenaje a la tradición culta de la poesía española y a su gran maestro don Luis de Góngora. Metáforas encadenadas, hipérbaton, encabalgamientos y cultismos, se dan cita en este poema que resucita el estilo gongorino.

RETORNOS DEL AMOR TAL COMO ERA

Eras en aquel tiempo rubia y grande,
sólida espuma ardiente y levantada.
Parecías un cuerpo desprendido
de los centros del sol, abandonado
por un golpe de mar en las arenas.

Todo era fuego en aquel tiempo. Ardía
la playa en tu contorno. A rutilantes
vidrios de luz quedaban reducidos
las algas, los moluscos y las piedras
que el oleaje contra ti mandaba.

Todo era fuego, exhalación, latido
de onda caliente en ti. Si era una mano
la atrevida o los labios, ciegas ascuas,
voladoras, silbaban por el aire.
Tiempo abrasado, sueño consumido.

Yo me volqué en tu espuma en aquel tiempo.

                     Rafael Alberti:
                     Retornos de lo vivo lejano, 1956.

En la sala siguieron hablando de cosas estúpidas. Al fin se levantaron para marcharse. Ya en la puerta, doña Luisa volvió a decir a Adriana que su baile la había gustado mucho; le dio dos besos y le dijo como a mí el primer día:

—Adiós, querida.

Después se despidió de mí y me dijo sólo adiós. Me rodeó los hombros con el brazo, me apretó con fuerza y me dio un beso. Me besó en la mejilla, junto al ojo; sentí sus labios entre mis pestañas; me retuvo largo rato apretada contra ella. La calle estaba oscura y yo la contemplé en el abrazo que me dio, como los ciegos que leen con el tacto. Me quedó impresa en los hombros la fuerza de su brazo delgadísimo; sentí apretado contra mi mandíbula el hueso que se le dibujaba en el nacimiento del cuello, y al mismo tiempo me pareció tan frágil. No sé si fue el perfume que llevaba o si fue que al sentir el relieve de su pecho me acordé del día aquel que la vi en la tartana al amanecer, con aquella piel transparente llena de venas azules.

Aquel abrazo, aquel beso más largo que lo acostumbrado, me ayudaron a conocerla, aunque su conocimiento siguiera siéndome inexpresable. Toda la noche pensé en ello y pensé que yo no merecía aquella ternura inmensa▼.

                              Rosa Chacel:
                              Memorias de Leticia Valle, 1945.

▼ La soberbia descripción del beso en el diario de Leticia nos remite a una narrativa en la que el gesto y el paisaje interior es más importante que la anécdota misma.

ADOLESCENCIA

Vinieras▼ y te fueras dulcemente,
de otro camino
a otro camino. Verte,
y ya otra vez no verte.
Pasar por un puente a otro puente.
—El pie breve,
la luz vencida alegre—.

Muchacho que sería yo mirando
aguas abajo la corriente,
y en el espejo tu pasaje
fluir, desvanecerse.

Vicente Aleixandre:
Ámbito, 1928.

▼ La combinación de formas impersonales y formas personales de subjuntivo dota al poema de un tono de irrealidad, propio de *Ámbito,* el primer libro de Aleixandre.

UNIDAD EN ELLA

Cuerpo feliz que fluye entre mis manos,
rostro amado donde contemplo el mundo,
donde graciosos pájaros se copian fugitivos,
volando a la región donde nada se olvida.

Tu forma externa, diamante o rubí duro,
brillo de un sol que entre mis manos deslumbra,
cráter que me convoca con su música íntima,
con esa indescifrable llamada de tus dientes.

Muero porque me arrojo, porque quiero morir,
porque quiero vivir en el fuego, porque este aire de
[fuera
no es mío, sino el caliente aliento
que si me acerco quema y dora mis labios desde un
[fondo.

Deja, deja que mire, teñido del amor,
enrojecido el rostro por tu purpúrea vida,
deja que mire el hondo clamor de tus entrañas
donde muero y renuncio a vivir para siempre.

Quiero amor o la muerte, quiero morir del todo,
quiero ser tú, tu sangre, esa lava rugiente
que regando encerrada bellos miembros extremos
siente así los hermosos límites de la vida.

Este beso en tus labios como una lenta espina,
como un mar que voló hecho un espejo,
como el brillo de un ala,
es todavía unas manos, un repasar de tu crujiente
[pelo,
un crepitar de la luz vengadora,
luz o espada mortal que sobre mi cuello amenaza,
pero que nunca podrá destruir la unidad de este
[mundo.

                Vicente Aleixandre:
                La destrucción o el amor, 1935.

COMENTARIO 2 («Unidad en ella»)

▶ ¿Qué relación existe entre el título del libro de V. Aleixandre «La destrucción o el amor» y el tema de este poema?

▶ ¿Encuentras alguna paradoja que sea significativa de la expresión poética del contenido de esta composición?

▶ ¿Qué valor rítmico tiene el paralelismo en el poema?

▶ Comenta el carácter semántico de los adjetivos calificativos, que son en este poema tan abundantes, y relaciónalos con el tema del mismo.

▶ ¿De qué manera se expresa la concepción romántica del amor en esta composición?

NACIMIENTO DEL AMOR

¿Cómo nació el amor? Fue ya en otoño.
Maduro el mundo,
no te aguardaba ya. Llegaste alegre,
ligeramente rubia, resbalando en lo blando
del tiempo. Y te miré. ¡Qué hermosa
me pareciste aún, sonriente, vívida,
frente a la luna aún niña, prematura en la tarde,
sin luz, graciosa en aires dorados; como tú,
que llegabas sobre el azul, sin beso,
pero con dientes claros, con impaciente amor.

Te miré. La tristeza
se encogía a lo lejos, llena de paños largos,
como un poniente graso que sus ondas retira.

Casi una lluvia fina —¡el cielo azul!— mojaba
tu frente nueva. ¡Amante, amante era el destino
de la luz! Tan dorada te miré que los soles
apenas se atrevían a insistir, a encenderse
por ti, de ti, a darte siempre
su pasión luminosa, ronda tierna
de soles que giraban en torno a ti, astro dulce,
en torno a un cuerpo casi transparente, gozoso,
que empapa luces húmedas, finales, de la tarde,
y vierte, todavía matinal, sus auroras.

Eras tú amor, destino, final amor luciente,
nacimiento penúltimo hacia la muerte acaso.
Pero no. Tú asomaste. ¿Eras ave, eras cuerpo,
alma sólo? ¡Ah, tu carne traslúcida
besaba como dos alas tibias,
como el aire que mueve un pecho respirando,
y sentí tus palabras, tu perfume,
y en el alma profunda, clarividente
diste fondo! Calado de ti hasta el tuétano de la luz,
sentí tristeza, tristeza del amor: amor es triste.
En mi alma nacía el día. Brillando
estaba de ti; tu alma en mí estaba.
Sentí dentro, en mi boca el sabor a la aurora.
Mis sentidos dieron su dorada verdad. Sentí a los
                                                  [pájaros
en mi frente piar, ensordeciendo
mi corazón. Miré por dentro
los ramos, las cañadas luminosas, las alas variantes,
y un vuelo de plumajes de color, de encendidos
presentes me embriagó, mientras todo mi ser a un
                                                  [mediodía,
raudo, loco, creciente se incendiaba
y mi sangre ruidosa se despeñaba en gozos
de amor, de luz, de plenitud, de espuma.

                Vicente Aleixandre:
                Sombra del paraíso, 1944.

COMO EL VILANO[1]

[1] Milano: corona de filamentos muy finos que transporta por el aire las semillas.

Hermoso es el reino del amor,
pero es triste también.
Porque el corazón del amante
triste es en las horas de la soledad,
cuando a su lado mira los ojos queridos   5
que inaccesibles se posan en las nubes ligeras.

Nació el amante para la dicha,
para la eterna propagación del amor,
que de su corazón se expande
para verterse sin término   10
en el puro corazón de la amada entregada.

Pero la realidad de la vida,

[2] Requerimiento, cortejo.

la solicitación[2] de las diarias horas,
`la misma nube lejana, los sueños, el corto vuelo ins-
　　　　　　[pirado del juvenil corazón que él ama,
todo conspira contra la perduración sin descanso de
　　　　　　　　　　　　　　[la llama imposible.   15

Aquí el amante contempla
el rostro joven,
el adorado perfil rubio,
el gracioso cuerpo que reposado un instante en sus
　　　　　　　　　　　　　　[brazos descansa.
Viene de lejos y pasa,   20
y pasa siempre.
Y mientras ese cuerpo duerme o gime de amor en
　　　　　　　　　　　　[los brazos amados,
el amante sabe que pasa,
que el amor mismo pasa,
y que este fuego generoso que en él no pasa,   25
presencia puro el tránsito dulcísimo de lo que eter-
　　　　　　　　　　　　　　　　[namente pasa.

Por eso el amante sabe
que su amada le ama

una hora, mientras otra hora sus ojos
30 leves discurren
en la nube falaz³ que pasa y se aleja.   ³ Engañosa.
Y sabe que todo el fuego que común se ha elevado,
sólo en él dura. Porque ligera y transitoria es la mu-
[chacha
que se entrega y rehúsa,
35 que gime y sonríe.
Y el amante la mira
con el infinito amor de lo que se sabe instantáneo.
Dulce es, acaso más dulce, más tristísimamente
[dulce,
verla en los brazos
40 en su efímera entrega.
«Tuyo soy —dice el cuerpo armonioso—,
pero sólo un instante.
Mañana,
ahora mismo,
45 despierto de este beso y contemplo
el país, este río, esa rama, aquel pájaro...»
Y el amante la mira
infinitamente pesaroso —glorioso y cargado—.
Mientras ella ligera se exime⁴,   ⁴ Se libera, se dispen-
adorada y dorada,   sa.
y leve discurre.
Y pasa, y se queda. Y se alza, y vuelve.
Siempre leve, siempre aquí, siempre allí; siempre.
Como el vilano.

                Vicente Aleixandre:
                Historia del corazón, 1954.

TIEMPO DE FOX[1]

Ya limpié la pizarra
de guarismos[2] feos.
Ya puse en ella
un enorme «Te quiero».
En los visillos azules de tu balcón
se estampan las ramas del almendro.
Dime que no, y verás cómo no te creo.
Dime que no tienes,
que no tienes
en la frente un magnífico recuerdo,
y verás
cómo no te creo.
Dime que no sientes
como con yodo del mar el cuerpo
y un sabor de olas
que refresca tu pensamiento.
Dime que no aspiras
ni se te van los ojos lejos,
y ya verás
cómo no lo creo.
Dime que no estás
rogando a los poderes eternos
que se pare el reloj
en este momento,
y ya verás
cómo no lo creo.

José Moreno Villa:
Poemas en México, 1956.

[1] Baile anglosajón, muy popular en la segunda década del siglo.
[2] Números árabes.

CANCIONES A XOCHIPILI (VII)

Quiero huir
de la flor y de ti.

De la flor, por demasiado bella,
de ti, porque eres dios de piedra.

Quiero huir
de la flor y de ti.

De la flor por su inconsistencia,
de ti, porque nada te altera.

Quiero huir
de la flor y de ti.

De la flor, porque nada deja,
y de ti, porque en nada piensas.

Quiero huir
de la flor y de ti▼.

        José Moreno Villa:
        Poemas en México, 1956.

▼ El poema se lamenta de la frialdad de la amada, y lo hace recuperando el ritmo de la poesía tradicional.

Qué alegría, vivir
sintiéndose vivido.
Rendirse
a la gran certidumbre, oscuramente,
de que otro ser, fuera de mí, muy lejos, 5
me está viviendo▼.
Que cuando los espejos, los espías,
azogues¹, almas cortas, aseguran
que estoy aquí, yo, inmóvil,
con los ojos cerrados y los labios, 10
negándome al amor
de la luz, de la flor y de los nombres,

¹ Nombre vulgar del mercurio.

▼ Se hace patente en este poema lo que la crítica ha llamado «el conceptismo» de P. Salinas. Paradojas y juegos de palabras que expresan su original sentido del amor. La paradoja más significativa del poema es la que identifica la vida del amante y de la amada. Partiendo de ella, el poeta puede «recordar lo que no vio» o «acordarse de lo que no tocó». En el verso final esta paradoja se recoge en el término «no muerte», que expresa la dificultad de encontrar palabras para designar la inefable experiencia amorosa.

       la verdad trasvisible² es que camino
       sin mis pasos, con otros,
15   allá lejos, y allí estoy besando flores, luces, hablo.
       Que hay otro ser por el que miro el mundo
       porque me está queriendo con sus ojos.
       Que hay otra voz con la que digo cosas
       no sospechadas por mi gran silencio;
20   y es que también me quiere con su voz.
       La vida —¡qué transporte ya!—, ignorancia
       de lo que son mis actos, que ella hace,
       en que ella vive, doble, suya y mía.
       Y cuando ella me hable
25   de un cielo oscuro, de un paisaje blanco,
       recordaré
       estrellas que no vi, que ella miraba,
       y nieve que nevaba allá en su cielo.
       Con la extraña delicia de acordarse
30   de haber tocado lo que no toqué
       sino con esas manos que no alcanzo
       a coger con las mías, tan distantes.
       Y todo enajenado³ podrá el cuerpo
       descansar, quieto, muerto ya. Morirse
35   en la alta confianza
       de que este vivir mío no era sólo
       mi vivir: era el nuestro. Y que me vive
       otro ser por detrás de la no muerte.

                    Pedro Salinas:
                    La voz a ti debida, 1933.

² De trasver, que se ve detrás de algo.

³ Embelesado. Fuera de sí.

¡Si me llamaras, sí,
si me llamaras!
Lo dejaría todo,
todo lo tiraría:
los precios, los catálogos,
el azul del océano en los mapas,
los días y sus noches,
los telegramas viejos
y un amor▼.
Tú, que no eres mi amor,
¡si me llamaras!

Y aún espero tu voz:
telescopios abajo,
desde la estrella,
por espejos, por túneles,
por los años bisiestos
puede venir. No sé por dónde.
Desde el prodigio, siempre.
Porque si tú me llamas
—¡si me llamaras, sí, si me llamaras!—
será desde un milagro,
incógnito, sin verlo.

Nunca desde los labios que te beso,
nunca
desde la voz que dice: «No te vayas».

Pedro Salinas:
La voz a ti debida, 1933.

▼ Con esta «enumeración caótica» —los precios, los catálogos, / el azul del océano en los mapas, / los días y sus noches, / los telegramas viejos / y un amor— el poeta consigue expresar la totalidad del mundo, todo lo que abandonaría en aras del amor.

Sí, por detrás de las gentes
te busco.
No en tu nombre, si lo dicen,
no en tu imagen, si la pintan.
Detrás, detrás, más allá▼.

Por detrás de ti te busco.
No en tu espejo, no en tu letra,
ni en tu alma.
Detrás, más allá.

También detrás, más atrás
de mí te busco. No eres
lo que yo siento de ti.
No eres
lo que me está palpitando
con sangre mía en las venas,
sin ser yo.
Detrás, más allá te busco.

Por encontrarte, dejar
de vivir en ti, y en mí,
y en los otros.
Vivir ya detrás de todo,
al otro lado de todo
—por encontrarte—,
como si fuese morir.

Pedro Salinas:
La voz a ti debida, 1933.

▼ El amor, para Pedro Salinas, es un oficio, un arte, como en la poesía del «amor cortés». Está más allá de sí mismo y de la simple contemplación de la amada.

¿Serás, amor,
un largo adiós que no se acaba?
Vivir, desde el principio, es separarse.
En el primer encuentro
con la luz, con los labios,
el corazón percibe la congoja
de tener que estar ciego y solo un día.
Amor es el retraso milagroso
de su término mismo:
es prolongar el hecho mágico,
de que uno y uno sean dos, en contra
de la primer condena de la vida.
Con los besos,
con la pena y el pecho se conquistan,
en afanosas lides, entre gozos
parecidos a juegos,
días, tierras, espacios fabulosos,
a la gran disyunción que está esperando,
hermana de la muerte o muerte misma.
Cada beso perfecto aparta el tiempo,
le echa hacia atrás, ensancha el mundo breve
donde puede besarse todavía.
Ni en el llegar, ni en el hallazgo
tiene el amor su cima▼:
es en la resistencia a separarse
en donde se le siente,
desnudo, altísimo, temblando.
Y la separación no es el momento
cuando brazos, o voces,
se despiden con señas materiales.
Es de antes, de después.

▼ Pedro Salinas tiene una concepción antirromántica del amor: el amor no es para él una pasión que ciega la voluntad, un fuego destructor, sino, más bien, como expresa en estos versos, un compromiso total, pleno de conciencia, anhelo casi místico de unión y de armonía.

35
Si se estrechan las manos, si se abrazan,
nunca es para apartarse,
es porque el alma ciegamente siente
que la forma posible de estar juntos
es una despedida larga, clara.
Y que lo más seguro es el adiós.

Pedro Salinas:
Razón de amor, 1936.

DESNUDO

Blancos, rosas. Azules casi en veta,
Retraídos, mentales.
Puntos de luz latente dan señales
De una sombra secreta.

Pero el color, infiel a la penumbra,
Se consolida en masa.
Yacente en el verano de la casa,
Una forma se alumbra.

Claridad aguzada entre perfiles,
De tan puros tranquilos,
Que cortan y aniquilan con sus filos
Las confusiones viles.

Desnuda está la carne. Su evidencia
Se resuelve en reposo.
Monotonía justa, prodigioso
Colmo de la presencia.

Plenitud inmediata, sin ambiente,
Del cuerpo femenino.
Ningún primor: ni voz ni flor. ¿Destino?
¡Oh absoluto Presente▼!

Jorge Guillén:
Cántico, 1950.

▼ Este poema representa el afán de pureza, de sencillez esencial que J. Guillén asocia con el cuerpo desnudo y que persigue a lo largo de todos sus poemas.

SALVACIÓN ES LA PRIMAVERA (I)

Ajustada a la sola
desnudez de su cuerpo,
entre el aire y la luz
eres puro elemento.
¡Eres! Y tan desnuda,
tan continua, tan simple,
que el mundo vuelve a ser
fábula irresistible.

En torno, forma a forma,
los objetos diarios
aparecen. Y son
prodigios, y no mágicos.

Incorruptibles dichas,
del sol indisolubles,
a través de un cristal
la evidencia difunde

con todo el esplendor
seguro de astro cierto.
Mira cómo esta hora
marcha por esos cielos.

Jorge Guillén:
Cántico, 1950.

SALVACIÓN DE LA PRIMAVERA (III)

Presa en tu exactitud,
Inmóvil regalándote,
A un poder te sometes,
Férvido[1], que me invade.

¡Amor! Ni tú ni yo,
Nosotros, y por él
Todas las maravillas
En que el ser llega a ser.

Se colma el apogeo
Máximo de la tierra.
Aquí está: la verdad
Se revela y nos crea.

¡Oh realidad, por fin
Real, en aparición!
¿Qué universo me nace
Sin velar a su dios?

Pesa, pesa en mis brazos,
Alma fiel a un volumen.
Dobla con abandono,
Alma, tu pesadumbre▼.

Jorge Guillén:
Cántico, 1950.

[1] Ardoroso.

▼ El verso heptasílabo y la rima asonante nos demuestran cómo se combina la maestría del ritmo métrico con la libertad de conceptos y sensaciones. El poeta expresa la plenitud de la unión amorosa dentro de los límites estrictos de la métrica tradicional.

VEN A BUSCARTE

Tiene mi amor la forma de tu vida.
Nunca el olvido le cerró los labios
a la estela ni al cauce, ni a la gruta
que atravesabas tú; límite era
que se quedaba estático afirmando,
contra el tiempo engañoso, una perenne
honda oquedad tan fiel a tu persona
que más que ausencia un alma parecía.

Ven a buscarte. Tengo yo la entrada
de tus recuerdos, quietos, encerrados
en mis caricias:
tiene mi amor la forma de tu vida.

Manuel Altolaguirre:
Fin de un amor, 1949.

CORRIENTE OCULTA

Agua desnuda la lluvia,
que libremente se esconde
hasta verse presa en tallos
cielo arriba, hasta las flores.

Amar es hundirse, huir,
perderse en oscura noche▼,
ser corriente oculta, ser
agua enterrada que corre
sales robando a la tierra,
agua ciega que no opone
su limpio cristal al cielo.

¡Cómo se mueve en las hojas
el agua diciendo adioses
a las fugitivas nubes
que van por el horizonte!

¡Qué nuevo encuentro si en ellas
delicadamente pone
astros breves el rocío,
estrellas en verde noche!

Amar es hundirse, huir,
perderse en profunda noche.

Manuel Altolaguirre:
Fin de un amor, 1949.

▼ Alusión a la «Noche oscura del alma», de S. Juan de la Cruz. La poesía de Altolaguirre tiene, según dijo Cernuda, una chispa de la llama mística y amorosa de San Juan.

ELLA

¿No la conocéis? Entonces
imaginadla, soñadla.
¿Quién será capaz de hacer
el retrato de la amada?

Yo sólo podría hablaros
vagamente de su lánguida[1]
figura, de su aureola[2]
triste, profunda y romántica.

Os diría que sus trenzas
rizadas sobre la espalda
son tan negras que iluminan
en la noche. Que cuando anda

no parece que se apoya,
flota, navega, resbala...
Os hablaría de un gesto
muy suyo..., de sus palabras,

a la vez desdén y mimo,
a un tiempo reproche y lágrimas,
distantes como en un éxtasis[3],
como en un beso cercanas...

Pero no: cerrad los ojos,
imaginadla, soñadla,
reflejada en el cambiante
espejo de vuestra alma▼.

Gerardo Diego:
Romancero de la novia, 1918.

[1] Falta de fuerza.

[2] Resplandor que rodea las cosas sagradas a modo de corona.

[3] Pasmo, estado de arrobamiento.

▼ Éste es uno de los primeros poemas de G. Diego. La influencia de Bécquer y del primer J. R. Jiménez se hacen notar en su visión inocente del amor.

RIMA

Tus ojos oxigenan los rizos de la lluvia
y cuando el sol se pone en tus mejillas
tus cabellos no mojan ni la tarde es ya rubia

      Amor   Apaga la luna

No bebas tus palabras,   5
ni viertas en mi vaso tus ojeras amargas.
La mañana de verte se ha puesto morena

Enciende el sol   Amor▼
y mata la verbena

                      Gerardo Diego:
                      Manual de espumas, 1922.

▼ En contraste con la anterior, en esta composición se aprecia la órbita creacionista en la que G. Diego se desenvuelve cuando escribe *Manual de espumas,* las imágenes insólitas, la especial disposición tipográfica de los versos y el tono intrascendente del poema, son características comunes a las composiciones del creacionismo.

INSOMNIO

Tú y tu desnudo sueño. No lo sabes▼.
Duermes. No. No lo sabes. Yo en desvelo,
y tú, inocente, duermes bajo el cielo.
Tú por tu sueño y por el mar las naves.

5   En cárceles de espacio, aéreas llaves
te me encierran, recluyen, roban. Hielo,
cristal de aire en mil hojas. No. No hay vuelo
que alce hasta ti las alas de mis aves.

Saber que duermes tú, cierta, segura
10 —cauce fiel de abandono, línea pura—,
tan cerca de mis brazos maniatados.

Qué pavorosa esclavitud de isleño,
yo insomne, loco, en los acantilados,
las naves por el mar, tú por tu sueño.

> Gerardo Diego:
> *Alondra de verdad,* 1936.

LIBERTAD

Verte así no. Lo que quiero
es: verte como si el día
fuera lo que es hoy mi cuerpo,
y esto que va fuera de él,
5   esto que lo aprieta dentro,
lo que ahora es carne del aire,
fuera lo que es hoy mi cuerpo.
Preso en mí el día, cuajado
como en una fruta el hueso;

▼ Éste es un ejemplo de la segunda vertiente de la poesía de G. Diego, la poesía clásica. Tanto en la métrica —es un soneto— como en el lenguaje, contrasta con sus obras vanguardistas.

cubriendo mi cuerpo al mundo,
carne sin dueño del viento:
ni tú ni yo, ya sin sangre,
o en ti o en mí, ya sin reino.

Emilio Prados:
Cuerpo perseguido, 1928.

TRÁNSITOS

¡Qué bien te siento bajar!
¡Qué despacio vas entrando,
caliente, viva, en mi cuerpo,
desde ti misma manando
igual que una fuente, ardiendo!
Contigo por ti has llegado
escondida bajo el viento
—desnuda en él—, y en mis párpados
terminas, doble, tu vuelo.
¡Qué caliente estás! Tu brazo
temblando arde ya en mi pecho.
Entera te has derramado
por mis ojos. Ya estás dentro
de mi carne, bajo el árbol
de mis pulsos, en su sombra
bajo el sueño:
¡entera dentro del sueño!
¡Qué certera en mi descanso
dominas al fin tu reino!
...Pero yo me salgo, salto
libre fuera de mí, escapo
por mi sangre, me liberto,
y a ti, filtrándome mágico,
vuelvo a dejarte en el viento
otra vez sola, buscando
nueva prisión a tu cuerpo.

Emilio Prados:
Cuerpo perseguido, 1928.

Me estoy mirando en tus ojos.
Me estoy oyendo en tu voz.
Me estoy soñando en tu alma:
sintiendo en tu corazón▼.

5   Soy como si fuera otro:
otro que quiere ser yo,
y es un espectro, un fantasma,
una sombra entre los dos.

     José Bergamín:
     Rimas, 1962.

Una invisible flor de Primavera
palpita en cada instante
llevando la semilla entre sus pétalos
de un fruto perdurable:

5   un fresco, y verde, y dulce, extraño fruto
del amor que renace
en el alma, como otra Primavera
que fuese inacabable.

     José Bergamín:
     Rimas, 1962.

▼ Como Pedro Salinas, en *La voz a ti debida,* José Bergamín concibe el amor como olvido del yo, como abandono en el tú, en el otro.

ADELINA DE PASEO

La mar no tiene naranjas,
ni Sevilla tiene amor.
Morena, qué luz de fuego.
Préstame tu quitasol.

Me pondrá la cara verde
—zumo de lima y limón—,
tus palabras —pececillos—
nadarán alrededor.

La mar no tiene naranjas.
Ay, amor.
¡Ni Sevilla tiene amor!

F. García Lorca:
Canciones, 1924.

Arbolé arbolé
seco y verdé.
La niña de bello rostro
está cogiendo aceituna.
El viento, galán de torres,
la prende por la cintura.
Pasaron cuatro jinetes,
sobre jacas andaluzas
con trajes de azul y verde,
con largas capas oscuras.
«Vente a Granada, muchacha.»
La niña no los escucha.
Pasaron tres torerillos
delgaditos de cintura,
con trajes color naranja
y espada de plata antigua.
«Vente a Sevilla, muchacha.»
La niña no los escucha.
Cuando la tarde se puso
morada, con luz difusa,
pasó un joven que llevaba
rosas y mirtos[1] de luna.
«Vente a Granada, muchacha.»
Y la niña no lo escucha.
La niña del bello rostro▼
sigue cogiendo aceituna,
con el brazo gris del viento
ceñido por la cintura.

Arbolé arbolé
seco y verdé.

F. García Lorca:
Canciones, 1924.

[1] Arbustos olorosos.

▼ Este poema esconde un sentido trágico y fatalista. La niña rechaza el amor convencional y se arriesga a caer en los brazos del viento nocturno, el imposible destructor.

PRECIOSA Y EL AIRE

Su luna de pergamino[1]
Preciosa tocando viene
por un anfibio[2] sendero
de cristales y laureles.
El silencio sin estrellas▼,   5
huyendo del sonsonete,
cae donde el mar bate y canta
su noche llena de peces.
En los picos de la sierra
los carabineros duermen,   10
guardando las blancas torres
donde viven los ingleses.
Y los gitanos del agua
levantan por distraerse
glorietas de caracolas   15
y ramas de pino verde.

Su luna de pergamino
Preciosa tocando viene.
Al verla se ha levantado
el viento que nunca duerme.   20
San Cristobalón desnudo,
lleno de lenguas celestes,
mira a la niña tocando
una dulce gaita ausente.
Niña, deja que levante   25
tu vestido para verte.
Abre en mis dedos antiguos
la rosa azul de tu vientre.
Preciosa tira el pandero
y corre sin detenerse.   30

---

[1] La pandereta.

[2] Se aplica a los organismos que pueden vivir dentro y fuera del agua. Aquí tiene un valor simbólico: de cristales y laureles.

▼ «El silencio sin estrellas» es una hermosa sinestesia, que expresa el clima de soledad y peligro.

El viento-hombrón la persigue▼
con una espada caliente.

Frunce su rumor el mar.
Los olivos palidecen.
Cantan las flautas de ombría³
y el liso gong⁴ de la nieve.
¡Preciosa, corre, Preciosa!
¡Que te coge el viento verde!
¡Preciosa, corre, Preciosa!
¡Míralo por donde viene!
Sátiro⁵ de estrellas bajas
con sus lenguas relucientes...

³ Lugar en sombra.
⁴ Utensilio empleado para llamar.

⁵ Hombre que persigue a las muchachas.

Preciosa, llena de miedo,
entra en la casa que tiene
más arriba de los pinos,
el cónsul de los ingleses.
Asustados por los gritos
tres carabineros vienen,
sus negras capas ceñidas
y los gorros en las sienes.
El inglés da a la gitana
un vaso de tibia leche
y una copa de ginebra
que Preciosa no se bebe.
Y mientras cuenta, llorando,
su aventura a aquella gente,
en las tejas de pizarra
el viento, furioso, muerde.

F. García Lorca:
Romancero gitano, 1927.

▼ Como en el poema anterior, el viento es el símbolo del erotismo destructivo, turbador.

GACELA DEL AMOR DESESPERADO

La noche no quiere venir
para que tú no vengas,
ni yo pueda ir.

Pero yo iré,
aunque un sol de alacranes me coma la sien.

Pero tú vendrás
con la lengua quemada por la lluvia de sal.

El día no quiere venir
para que tú no vengas,
ni yo pueda ir.

Pero yo iré
entregando a los sapos mi mordido clavel.

Pero tú vendrás
por las turbias cloacas de la oscuridad.

Ni la noche ni el día quieren venir
para que por ti muera
y tú mueras por mí▼.

F. García Lorca:
Diván del Tamarit, 1936▼▼.

▼ El fatalismo propio de G. Lorca aparece en esta composición donde todos los límites del mundo no pueden con la pasión de los amantes.

▼▼ Este libro no fue publicado en vida del autor. Por referencias se sabe que G. Lorca lo escribió de 1931 a 1935 y que estaba a punto de ser editado en 1936.

SONETO DE LA DULCE QUEJA

No me dejes perder la maravilla
de tus ojos de estatua, ni el acento
que de noche me pone en la mejilla
la solitaria rosa de tu aliento.

Tengo miedo de ser en esta orilla▼
tronco sin ramas, y lo que más siento
es no tener la flor, pulpa[1] o arcilla
para el gusano de mi sufrimiento.

Si tú eres el tesoro oculto mío,
si eres mi cruz y mi dolor mojado,
si soy el perro de tu señorío,

no me dejes perder lo que ha ganado
y decora las aguas de tu río
con hojas de mi Otoño enajenado.

F. García Lorca:
Sonetos del amor oscuro▼▼.

[1] Carne de las frutas.

▼ En este encabalgamiento, G. Lorca expresa su angustia ante la esterilidad del vivir sin pasión. Es uno de sus últimos y más conmovedores poemas.

▼▼ Estos sonetos no se han publicado hasta 1985. Se cree que fueron escritos de 1929 a 1936.

JARDÍN CERRADO

(es el título de un libro de Emilio Prados
y da nombre al *tema de la soledad*)

XXII

En soledad. No se siente
El mundo, que un muro sella;
La lámpara abre su huella
Sobre el diván indolente.
Acogida está la frente
Al regazo del hastío,
¿Qué ausencia, qué desvarío
A la belleza hizo ajena?
Tu juventud nula, en pena
De un blanco papel vacío.

Luis Cernuda:
Primeras poesías, 1927.

DESDICHA

Un día comprendió cómo sus brazos eran
Solamente de nubes;
Imposible con nubes estrechar hasta el fondo
Un cuerpo, una fortuna.

La fortuna es redonda y cuenta lentamente
Estrellas del estío.
Hacen falta unos brazos seguros como el viento,
y como el mar un beso.

Pero él con sus labios,
Con sus labios no sabe sino decir palabras;
Palabras hacia el techo,
Palabras hacia el suelo,
Y sus brazos son nubes que transforman la vida
En aire navegable.

Luis Cernuda:
Un río, un amor, 1929.

ESTOY CANSADO

Estar cansado tiene plumas,
Tiene plumas graciosas como un loro,
Plumas que desde luego nunca vuelan,
Mas balbucean igual que loro.

Estoy cansado de las casas, 5
Prontamente en ruinas sin un gesto;
Estoy cansado de las cosas,
Con un latir de seda vueltas luego de espaldas.

Estoy cansado de estar vivo,
Aunque más cansado sería el estar muerto; 10
Estoy cansado del estar cansado
Entre plumas ligeras sagazmente,
Plumas del loro aquel tan familiar o triste,
El loro aquel del siempre estar cansado.

Luis Cernuda:
Un río, un amor, 1929.

EN MEDIO DE LA MULTITUD

En medio de la multitud le vi pasar, con sus ojos tan rubios como la cabellera. Marchaba abriendo el aire y los cuerpos; una mujer se arrodilló a su paso. Yo sentí cómo la sangre desertaba mis venas gota a gota. 5
Vacío, anduve sin rumbo por la ciudad. Gentes extrañas pasaban a mi lado sin verme. Un cuerpo se derritió con leve susurro al tropezarme. Anduve más y más.

10   No sentía mis pies. Quise cogerlos en mi mano, y no hallé mis manos; quise gritar, y no hallé mi voz.
La niebla me envolvía.
Me pesaba la vida como un remordimiento; quise arrojarla de mí. Mas era imposible, porque estaba
15   muerto y andaba entre los muertos▼.

Luis Cernuda:
Los placeres prohibidos, 1931.

▼ En un ambiente surrealista, onírico, el verso se desdibuja y se desliza hacia la prosa poética.

SOLILOQUIO DEL FARERO

Cómo llenarte, soledad,
Sino contigo misma.

De niño, entre las pobres guaridas de la tierra,
Quieto en ángulo oscuro,
Buscaba en ti, encendida guirnalda,
Mis auroras futuras y furtivos nocturnos,
Y en ti los vislumbraba,
Naturales y exactos, también libres y fieles,
A semejanza mía,
A semejanza tuya, eterna soledad.

Me perdí luego por la tierra injusta
Como quien busca amigos o ignorados amantes;
Diverso con el mundo.
Fui luz serena y anhelo desbocado,
Y en la lluvia sombría o en el sol evidente
Quería una verdad que a ti te traicionase,
Olvidando en mi afán
Cómo las alas fugitivas su propia nube crean.

Y al velarse a mis ojos
Con nubes sobre nubes de otoño desbordado
La luz de aquellos días en ti misma entrevistos,
Te negué por bien poco;
Por menudos amores ni ciertos ni fingidos,
Por quietas amistades de sillón y de gesto,
Por un nombre de reducida cola en un mundo fan-
[tasma,
Por los viejos placeres prohibidos,
Como los permitidos nauseabundos,
Útiles solamente para el elegante salón susurrado,
En bocas de mentira y palabras de hielo.

Por ti me encuentro ahora el eco de la antigua per-
[sona
Que yo fui,

Que yo mismo manché con aquellas juveniles trai-
[ciones;
Por ti me encuentro ahora, constelados[1] hallazgos,
Limpios de otro deseo,
35 El sol, mi dios, la noche rumorosa,
La lluvia, intimidad de siempre,
El bosque y su alentar pagano,
El mar, el mar como su nombre hermoso;
Y sobre todos ellos,
40 Cuerpo oscuro y esbelto,
Te encuentro a ti, tú, soledad tan mía,
Y tú me das fuerza y debilidad
Como al ave cansada los brazos de la piedra.

[1] Hallazgos organizados alrededor de un centro: la soledad.

Acodado[2] al balcón, miro insaciable al oleaje,
Oigo sus oscuras imprecaciones,
Contemplo sus blancas caricias;
Y erguido desde cuna vigilante,
Soy en la noche un diamante que mira advirtiendo
    [a los hombres,
Por quienes vivo, aun cuando no los vea;
Y así, lejos de ellos,
Ya olvidados sus nombres, los amo en muchedum-
    [bres,
Roncas y violentas como el mar, mi morada,
Puras ante la espera de una revolución ardiente
O rendidas y dóciles, como el mar sabe serlo
Cuando toca la hora de reposo que su fuerza con-
    [quista.

Tú, verdad solitaria,
Transparente pasión, mi soledad de siempre,
Eres inmenso abrazo;
El sol, el mar,
La oscuridad, la estepa,
El hombre y su deseo,
La airada muchedumbre,
¿Qué son sino tú misma?

Por ti, mi soledad, los busqué un día;
En ti, mi soledad, los amo ahora.

    Luis Cernuda:
    Invocaciones, 1936.

---

[2] Apoyado sobre los codos.

EL CUERPO DESHABITADO

Llevaba una ciudad dentro.
Y la perdió sin combate.
Y le perdieron.
Sombras vienen a llorarla,
a llorarla.

—Tú, caída,
tú, derribada,
tú,
la mejor de las ciudades.
Y tú, muerto,
tú, una cueva,
un pozo tú, seco.

Te dormiste.
Y ángeles turbios, coléricos,
la carbonizaron.
Te carbonizaron tu sueño.

Y ángeles turbios, coléricos,
carbonizaron tu alma, tu cuerpo▼.

Rafael Alberti:
Sobre los ángeles, 1928.

▼ En este poema se percibe la influencia surrealista: abundan las imágenes del subconsciente, como los ángeles coléricos que sin razón la asolan y destruyen.

BALADA DE DON AMARILLO

Pobre está Don Amarillo[1].
Pobre está.

Pobre a la lluvia y al viento.
Pobre al sol, Don Amarillo.
¡Qué pobre está!   5

Va de caballo en caballo,
Don Amarillo.
Va de quinta[2] en quinta. Va.
¡Qué pobre y perdido va!

Pide pan Don Amarillo.   10
Pide pan.

Sólo un pedazo de pan.

¿Qué dan a Don Amarillo?
¿Qué le dan?
Sólo un pedazo de viento,   15
de sol y lluvia le dan.
Es todo lo que le dan.

Solo está Don Amarillo.
¡Qué solo está!

Al filo de las barrancas,   20
frente al bañado[3], se va.
¡Qué pobre y perdido va!

Si el cielo está sordo, el río
más grande y más sordo está.

Se sienta frente al bañado   25
Don Amarillo.
Y ladra a la inmensidad.

Rafael Alberti:
Baladas y canciones del Paraná, 1954.

---

[1] El Sol.

[2] Finca de recreo.

[3] Terreno pantanoso.

DORMIDO EN LA YERBA

Todos vienen a darme consejo.
Yo estoy dormido junto a un pozo.

Todos se acercan y me dicen:
—La vida se te va,
y tú te tiendes en la yerba,
bajo la luz más tenue del crepúsculo,
atento solamente
a mirar cómo nace
el temblor del lucero
o el pequeño rumor
del agua, entre los árboles.

Y tú te tiendes sobre la yerba:
cuando ya tus cabellos
comienzan a sentir,
más cerca y fríos que nunca,
la caricia y el beso
de la mano constante
y sueño de la luna.

Y tú te tiendes sobre la yerba:
cuando apenas si puedes
sentir en tu costado
el húmedo calor
del grano que germina
y el amargo crujir
de la rosa ya muerta.

Y tú te tiendes sobre la yerba:
cuando apenas si el viento
contiene su rigor,
al mirar en ruina
los muros de tu espalda,
y el sol ni se detiene
a levantar tu sangre del silencio.

Todos se acercan y me dicen:
—La vida se te va.
Tú vienes de la orilla 35
donde crece el romero y la alhucema[1]
entre la nieve y el jazmín, eternos,
y es un mar todo espumas
lo que aquí te ha traído
porque nos hables... 40
Y tú te duermes sobre la yerba.

Todos se acercan para decirme:
—Tú duermes en la tierra
y tu corazón sangra
y sangra, gota a gota, 45
ya sin dolor, encima de tu sueño,
como en lo más oculto
del jardín, en la noche,
ya sin olor, se muere la violeta.

Todos vienen a darme consejo. 50
Yo estoy dormido junto a un pozo▼.

Solo si algún amigo
se acerca y, sin pregunta,
me da su abrazo entre las sombras:
lo llevo hasta asomarnos 55
al borde, juntos, del abismo,
y en sus profundas aguas
ver llorar a la luna y su reflejo,
que más tarde ha de hundirse
como piedra de oro 60
bajo el otoño frío de la muerte.

Emilio Prados:
Jardín cerrado, 1946.

[1] Espliego.

▼ La comunicación con los otros es imposible. El pozo simboliza el efecto opaco de la soledad.

YA NADA BUSCO

Sombra y más sombra y más sombra.
Y las hojas secas, unas con otras.
—¡Ay, el agua fría!...
(Toda la sombra suspira)
Sombra y más sombra y más sombra.
Y las hojas secas, por el viento, solas.
—¡Ay, el agua helada!...
(Y toda la sombra aguarda)
Sombra y más sombra y más sombra.
Y las hojas secas, sobre el suelo, rotas.
—¡Ay, el agua muerta!...
(Toda la sombra, desierta)
Sombra y más sombra y más sombra.
(Bajo la alameda, mi soledad llora.)
Sombra y más sombra y más sombra.

Emilio Prados:
Jardín cerrado, 1946.

FELICIDAD, NO ENGAÑAS

Felicidad, no engañas.
Una palabra fue o sería, y dulce
quedó en el labio. Algo
como un sabor
a miel, quizás
aún más a sal
marina. A agua de mar, o a verde fresco
de la campiña. Quizás a gris robusto
del granito o poder, que allí tentaste.
La gravedad del mundo está ostensible
ante tus ojos. No. No busques
por tu labio el color rubio del beso
que es miel, con su amargor que puede
sobrevivir. Vivir o no vivir no es ignorar
una verdad. El labio sólo sabe
a su final sabor: memoria,
olvido▼.

> Vicente Aleixandre:
> *Poemas de la consumación,* 1968.

CANCIONES A XOCHIPILI (XVIII)

Esta es la flor no nacida,
la que no te obedeció.
Xochipili, la que dijo:
«Nacer para un día, ¡no!»,
y apretada en su capullo
se quedó.

> José Moreno Villa:
> *Poemas en México,* 1956.

▼ El poeta acepta la muerte, no sin constatar la soledad sustancial del hombre ante la nada.

SEPARACIÓN

Mi soledad llevo dentro,
torre de ciegas ventanas.

Cuando mis brazos extiendo
abro sus puertas de entrada
y doy camino alfombrado
al que quiera visitarla.

Pintó el recuerdo los cuadros
que decoran sus estancias.
Allí mis pasadas dichas
con mi pena de hoy contrastan.

¡Qué juntos los dos estábamos!
¿Quién el cuerpo? ¿Quién el alma?
Nuestra separación última,
¡qué muerte fue tan amarga!

Ahora dentro de mí llevo
mi alta soledad delgada▼.

Manuel Altolaguirre:
Ejemplo, 1927.

▼ La personificación del último verso culmina esta hermosa alegoría sobre la soledad.

ALMA

Se levantó sin despertarme.
Andaba lenta, aplastándose tanto,
hasta pasar bajo imposibles
sitios huecos,
o estirándose fina como un ala,
atravesando puertas entreabiertas.
No tenía vista,
pero salvaba los obstáculos
con previsora maestría.
Ni tacto,
pero evitaba las esquinas
sin recibir un golpe.
Ni oído,
pero cuando el portazo aquél,
sobresaltada,
corriendo vino a mí,
en mí escondiéndose,
y despertando en mí
su cuerpo.

Manuel Altolaguirre:
Ejemplo, 1927.

MI PRESENTE

Mi presente una isla
rodeada de amor por todas partes,
sin esperanzas, sin recuerdos,
donde todas las aves
son besos que se esconden
en las frondas sangrientas.
Estoy tan insensible,
que el mundo inexistente
es como un doble sueño
que no me sobresalta.
El espacio está en fuga
y el tiempo lo persigue.
Vivo para olvidar,
perdida la esperanza▼,
surcado por un río
que brota de mi pecho,
que crece para ahogarme,
borrándome del mundo con sus aguas.

Manuel Altolaguirre:
Nuevos poemas de las islas invitadas, 1936.

12

¡Soledad, soledad, tú me acompañas
y de tu propia pena me libertas!
Solo, quiero estar solo:
que si suena una voz aquí a mi lado
o si una boca en la boca me besa,
te escapas tú vergonzosa y ligera.

▼ El sentimiento de angustia existencial es propio del ambiente surrealista de la pre-guerra, cuando las verdades convencionales ya no tienen validez para el hombre.

Tan para ti me quieres
que ni al viento consientes sus caricias,
ni en el hogar el chasquido del fuego:
o ellos o tú.
Y sólo cuando callan fuego y viento
y besos y palabras,
te entregas tú por compañera mía.
Y me destila las verdades dulces
la divina mentira de estar solo.

Pedro Salinas:
Presagios, 1924.

La sombra que me sigue no es mi sombra▼,
es una sombra extraña.

A veces me parece que la siento
como si me abrazara:

como si me envolviera en sutil velo
de transparencia blanda
y con dedos finísimos de humo
me acariciase el alma;

caricia leve, lenta, penetrante,
que la piel me traspasa
de tenebrosa luz, como la noche,
profundamente oscura y clara.

Siento que no es mi sombra ni la tuya
la que sigue mis pasos y palabras,
que es otra misteriosamente huida
como sombra de nube por el agua.

José Bergamín:
Rimas, 1962.

▼ La soledad extrema se expresa en el no-reconocimiento de uno mismo, en la imposibilidad de vivir solos.

Estoy soñando que sueño
con una ciudad dormida
por la que yo ando despierto:

que voy andando despierto
y recorriendo sus calles
como si fuera un espectro.

> José Bergamín:
> *Apartada orilla*, 1972.

Tengo miedo de encontrarme
solo en medio de un camino
por el que no pasa nadie.

Por el que no pasa nadie
porque es un camino largo
que no va a ninguna parte

> José Bergamín:
> *Apartada orilla*, 1972.

A UN RÍO LE LLAMABAN CARLOS

Yo me senté en la orilla:
quería preguntarte, preguntarme tu secreto;
convencerme de que los ríos resbalan hacia un anhe-
　　　　　　　　　　　　　　　　　[lo y viven;
y que cada uno nace y muere distinto (lo mismo que
　　　　　　　　　　　　　　　[a ti te llaman Carlos):
Quería preguntarte, mi alma quería preguntarte
por qué anhelas, hacia qué resbalas, para qué vives.
Dímelo, río,
y dime, di, por qué te llaman Carlos.

Ah, loco, yo loco, quería saber qué eras, quién eras
(género, especie)
y qué eran, qué significaban «fluir», «fluido», «fluen-
　　　　　　　　　　　　　　　　　　　[te»;

qué instante era tu instante;
cuál de tus mil reflejos, tu reflejo absoluto;
yo quería indagar el ultimo recinto de tu vida:
tu unicidad, esa alma de agua única
por la que te conocen por Carlos.

Carlos es una tristeza, muy mansa y gris, que fluye
entre edificios nobles, a Minerva sagrados,
y entre hangares[1] que anuncios y consignas coronan.
Y el río fluye y fluye, indiferente
A veces, suburbana, verde, una sonrisilla
de hierba se distiende, pegada a la ribera.
Yo me he sentado allí, sobre la hierba quemada del
    [invierno, para pensar por qué los ríos
siempre anhelan futuro, como tú lento y gris.
Y para preguntarte por qué te llaman Carlos.

Y tú fluías, fluías, sin cesar, indiferente,
y no escuchabas a tu amante extático,
que te miraba preguntándote,
como miramos a nuestra primera enamorada para
    [saber si le fluye el alma por los ojos,
y si en su sima el mundo será todo luz blanca,
o si acaso su sonreír es sólo eso: una boca amarga
    [que besa.
Así te preguntaba: como le preguntamos a Dios en
    [la sombra de los quince años,
entre fiebres oscuras y los días —qué verano— tan
    [lentos.
Yo quería que me revelaras el secreto de la vida
y de tu vida, y por qué te llamaban Carlos.

Yo no sé por qué me he puesto tan triste, contem-
    [plando
el fluir de este río.
Un río es agua, lágrimas: mas no sé quién las llora.
El río Carlos es una tristeza gris, mas no sé quién
    [le lloran,
Pero sé que la tristeza es gris y fluye.

---

[1] Cobertizo donde se guardan los aviones.

Porque sólo fluye en el mundo la tristeza.
Todo lo que fluye es lágrimas.
Todo lo que fluye es tristeza, y no sabemos de dónde
                    [viene la tristeza.
Como yo no sé quién te llora, río Carlos,
45   como yo no sé por qué eres una tristeza
ni por qué te llaman Carlos.

Era bien de mañana cuando yo me he sentado a con-
            [templar el misterio fluyende de este río,
y he pasado muchas horas preguntándome, pregun-
                                    [tándote.
Preguntando a este río, gris lo mismo que un dios;
50   preguntándome, como se pregunta a un dios triste:
¿qué buscan los ríos?, ¿qué es un río?
Dime, dime qué eres, qué buscas,
río, y por qué te llaman Carlos.

Y ahora me fluye dentro una tristeza,
55   un río de tristeza gris,
con lentos puentes grises, como estructuras funera-
                                [les grises.
Tengo frío en el alma y en los pies.
Y el sol se pone.
Ha debido pasar mucho tiempo.
Ha debido pasar el tiempo lento, lento, minutos, si-
60   [glos, eras.
Ha debido pasar toda la pena del mundo, como un
                        [tiempo lentísimo.
Han debido pasar todas las lágrimas del mundo,
                [como un río indiferente.
Ha debido pasar mucho tiempo, amigos míos, mu-
                        [cho tiempo
desde que yo me senté aquí en la orilla, a orillas
65   de esta tristeza, de este
río al que le llamaban Dámaso, digo, Carlos.

                        Dámaso Alonso:
                        Hombre y Dios, 1959.

CUATRO BALADAS AMARILLAS

En lo alto de aquel monte
hay un arbolito verde.
Pastor que vas,
pastor que vienes.
Olivares soñolientos   5
bajan al llano caliente.
Pastor que vas,
pastor que vienes.
Ni ovejas blancas ni perro,
ni cayado, ni amor tienes.   10
Pastor que vas.
Como una sombra de oro,
en el trigal te disuelves.
Pastor que vienes▼.

F. García Lorca:
Primeras canciones, 1922.

|||||||||||||||||||||||||||||||||||||||||||||||||||||||||||||||||||||||||||||||||||||||||||||||

▼ La disolución completa, el vacío, es la consecuencia última de la soledad. Paisaje, pastor, colores y poema, se miran al final de este poema en el espejo de la nada.

ANSIA DE ESTATUA

Rumor.
Aunque no quede más que el rumor.

Aroma.
Aunque no quede más que el aroma.

Pero arranca de mí el recuerdo
y el color de las viejas horas.

Dolor.
Frente al mágico y vivo dolor.

Batalla.
En la auténtica y sucia batalla.

¡Pero quita la gente invisible
que rodea perenne mi casa!

F. García Lorca:
Canciones, 1924.

ROMANCE DE LA PENA NEGRA

[1] Herramienta. Metafóricamente, el canto del gallo que anuncia la aurora.

Las piquetas[1] de los gallos
cavan buscando la aurora,
cuando por el monte oscuro
baja Soledad Montoya.
Cobre amarillo, su carne,   5
huele a caballo y a sombra.

Yunques ahumados sus pechos,
gimen canciones redondas▼.
Soledad, ¿por quién preguntas
sin compaña[2] y a estas horas?
Pregunte por quien pregunte,
dime: ¿a ti qué se te importa?
Vengo a buscar lo que busco,
mi alegría y mi persona.
Soledad de mis pesares,
caballo que se desboca,
al fin encuentra la mar
y se lo tragan las olas.
No me recuerdes el mar,
que la pena negra brota
en las tierras de aceituna
bajo el rumor de las hojas.
¡Soledad, qué pena tienes!
¡Qué pena tan lastimosa!
Lloras zumo de limón
agrio de espera y de boca.
¡Qué pena tan grande! Corro
mi casa como una loca,
mis dos trenzas por el suelo
de la cocina a la alcoba.
¡Qué pena! Me estoy poniendo
de azabache, carne y ropa.
¡Ay mis camisas de hilo!
¡Ay mis muslos de amapola!
Soledad: lava tu cuerpo
con agua de las alondras,
y deja tu corazón
en paz, Soledad Montoya.

[2] Compañía.

▼ Esta sinestesia, junto a otras que aparecen en el poema, prueba cómo Lorca combina la métrica tradicional con una visión poética profunda y renovadora.

[3] Adorno fruncido: el río es un volante (adorno) de cielo y hojas.

Por abajo canta el río:
volante[3] de cielo y hojas.   40
Con flores de calabaza,
la nueva luz se corona.
¡Oh pena de los gitanos!
Pena limpia y siempre sola.
¡Oh pena de cauce oculto   45
y madrugada remota!

F. García Lorca:
Romancero gitano, 1927.

VUELTA DE PASEO

[1] Serpiente. Simbólicamente, lo bajo, lo escondido, en oposición al cristal, lo luminoso, lo ascendente.

Asesinado por el cielo,
entre las formas que van hacia la sierpe[1]
y las formas que buscan el cristal,
dejaré crecer mis cabellos▼.

Con el árbol de muñones que no canta   5
y el niño con el blanco rostro de huevo.

Con los animalitos de cabeza rota
y el agua harapienta de los pies secos.

Con todo lo que tiene cansancio sordomudo
y mariposa ahogada en el tintero.   10

Tropezando con mi rostro distinto de cada día.
¡Asesinado por el cielo!

F. García Lorca:
Poeta en Nueva York, 1930▼▼.

▼ Las figuras insólitas expresan la angustia existencial. El verso libre y la imagen onírica representa la escritura automática de los surrealistas, dictado fiel del subconsciente.

▼▼ Escrito en 1929-30 y publicado por Bergamín en 1940.

CASIDA DEL LLANTO

He cerrado mi balcón
porque no quiero oír el llanto,
pero por detrás de los grises muros
no se oye otra cosa que el llanto.

5 Hay muy pocos ángeles que canten,
hay muy pocos perros que ladren,
mil violines caben en la palma de mi mano.

Pero el llanto es un perro inmenso,
el llanto es un ángel inmenso,
10 el llanto es un violín inmenso,
las lágrimas amordazan al viento,
y no se oye otra cosa que el llanto.

F. García Lorca:
Diván del Tamarit, 1936▼.

▼ Edición abortada en 1936, no se publicó hasta fechas posteriores, a la muerte de G. Lorca.

CÁNTICO

(es el título de un libro de Jorge Guillén y da nombre al *tema de la plenitud*)

Todo dice que sí.
Sí del cielo, lo azul,
y sí, lo azul del mar,
mares, cielos, azules
con espumas y brisas,
júbilos monosílabos
repiten sin parar.
Un sí contesta sí
a otro sí. Grandes diálogos
repetidos se oyen
por encima del mar
de mundo a mundo: sí.
Se leen por el aire
largos síes, relámpagos
de plumas de cigüeña,
tan de nieve que caen,
copo a copo, cubriendo
la tierra de un enorme,
blanco sí. Es el gran día.
Podemos acercarnos
hoy a lo que no habla:
a la peña, al amor,
al hueso tras la frente:
son esclavos del sí.
Es la sola palabra
que hoy les concede el mundo.
Alma, pronto, a pedir,
a aprovechar la máxima
locura momentánea,
a pedir esas cosas
imposibles, pedidas,
calladas, tantas veces,
tanto tiempo, y que hoy
pediremos a gritos.
Seguros por un día
—hoy, nada más que hoy—
de que los «no» eran falsos,

apariencias, retrasos,
cortezas inocentes.
Y que estaba detrás 40
despacio, madurándose,
al compás de este ansia
que lo pedía en vano,
la gran delicia: el sí▼.

Pedro Salinas:
La voz a ti debida, 1933.

▼ Este monosílabo («sí»), que se repite insistentemente, representa la aceptación del mundo tras la experiencia del amor.

LAS DOCE EN EL RELOJ

Dije: Todo ya pleno.
Un álamo vibró.
Las hojas plateadas
Sonaron con amor.
Los verdes eran grises,
El amor era sol.
Entonces, mediodía,
Un pájaro sumió
Su cantar en el viento
Con tal adoración
Que se sintió cantada
Bajo el viento la flor
Crecida entre las mieses,
Más altas. Era yo,
Centro en aquel instante
De tanto alrededor.
Quien lo veía todo
Completo para un dios.
Dije: Todo, completo.
¡Las doce en el reloj!

Jorge Guillén:
Cántico, 1950.

COMENTARIO 3 («Las doce en el reloj»)

▬ *Explica cuál es el tema central de esta composición.*

▬ *Comenta el ritmo métrico y los encabalgamientos que aparecen en el poema.*

▬ *¿Encuentras alguna connotación circular en este poema? ¿De qué manera se relaciona el contenido con la idea de la circularidad?*

▬ *Se ha afirmado que «Cántico» es un exponente de la «poesía pura». ¿Qué características aparecen en este poema que se puedan asociar a esta tendencia?*

▬ *¿Por qué ha elegido Jorge Guillén el mediodía para expresar su sentimiento de plenitud exaltada?*

CIMA DE LA DELICIA

¡Cima de la delicia▼!
Todo en el aire es pájaro.
Se cierne lo inmediato
Resuelto en lejanía.

¡Hueste de esbeltas fuerzas!
¡Qué alacridad[1] de mozo
En el espacio airoso,
Henchido de presencia!

El mundo tiene cándida
Profundidad de espejo.
Las más claras distancias
Sueñan lo verdadero.

¡Dulzura de los años
Irreparables! ¡Bodas
Tardías con la historia
Que desamé a diario!

Más, todavía más.
Hacia el sol, en volandas
La plenitud se escapa.
¡Ya sólo sé cantar!

> Jorge Guillén:
> *Cántico*, 1950.

[1] Estado de ánimo. Mezcla de alegría y nerviosismo.

AMOR A UNA MAÑANA

Mañana, mañana clara:
¡Si fuese yo quien te amara!

▼ Las oraciones exclamativas son muy abundantes en *Cántico*, y expresan la sensación de plenitud y acuerdo gozoso con el mundo, propio de esta obra.

Paso a paso en tu ribera,
Yo seré quien más te quiera.

Hacia toda tu hermosura
Mi palabra se apresura.

Henos sobre nuestra senda.
Déjame que yo te entienda.

¡Hermosura delicada
Junto al filo de la nada!

Huele a mundo verdadero
La flor azul del romero.

¿De tal lejanía es dueña
La malva sobre la peña?

Vibra sin cesar el grillo.
A su paciencia me humillo.

¡Cuánto gozo a la flor deja
Preciosamente la abeja!

Y se zambulle, se obstina
La abeja. ¡Calor de mina!

El grillo ahora acelera
Su canto. ¿Más primavera?

Se pierde quien se lo pierde.
¡Qué mío el campo tan verde!

Cielo insondable a la vista:
Amor es quien te conquista.

¿No merezco tal mañana?
Mi corazón se la gana.

Claridad, potencia suma:
Mi alma en ti se consuma.

        Jorge Guillén:
        Cántico, 1950.

Si mi voz muriera en tierra,
llevadla al nivel del mar
y dejadla en la ribera.

Llevadla al nivel del mar
y nombradla capitana
de un blanco bajel[1] de guerra.

¡Oh mi voz condecorada▼
con la insignia marinera:
sobre el corazón un ancla,
y sobre el ancla una estrella,
y sobre la estrella el viento,
y sobre el viento la vela!

[1] Barco.

Rafael Alberti:
Marinero en tierra, 1924.

▼ Alberti expresa la dicha y la plenitud con imágenes marinas. La personificación que aparece en este verso representa su anhelo más profundo.

SALINERO

[1] Terreno inmediato a la orilla del mar, por el que se extienden las mareas.

... Y ya estarán los esteros[1]
rezumando azul de mar.
¡Dejadme ser, salineros,
granito del salinar!

¡Qué bien, a la madrugada, 5
correr en las vagonetas
llenas de nieve salada,
hacia las blancas casetas▼!

¡Dejo de ser marinero,
madre, por ser salinero! 10

Rafael Alberti:
Marinero en tierra, 1924.

---

[1] Cuerno de la abundancia.

[2] Que presagia desgracias.

¡Qué olor maravilloso viene!, y qué estruendo. Claro, como que no es agua, es granizo. Fíjate cómo se amontonan en las cunetas. Da ganas de cogerlos a puñados... Caen, se estrellan en las losas o rebotan como si fueran elásticos, describen curvas, breves 5
parábolas blancas que se destacan en el suelo mojado como collares. Saltan con el ímpetu de su abundancia, como si se volcase una cornucopia[1] inagotable. Llueven perlas... Y la Felipa en la puerta de la pollería, mueve la cabeza con desolación... ¡Ésta es 10
la desgracia de muchos!... Pero no es porque sea una vieja agorera[2], es porque piensa en el pueblo,

---

▼ La aliteración del fonema vocálico abierto /a/ produce una sensación de luminosa claridad, que refleja el color blanco de las salinas.

en el suyo. El olor de la tierra mojada —ha salido a olerla como si la hubiese llamado— es como una cara familiar, como todas las caras de hermanos y hermanas, que pueden malparir por una cosa de éstas. Caras que le pasan por la mente, que le vienen a la memoria con la misma abundancia de cornucopia porque son innumerables, son lo inolvidable, lo conocido, lo que se vio mil veces y lo que no se vio nunca, pero se sabe cómo tiene que ser: se sabe cómo tiene que llorar aquella cara que nunca se vio llorando. Se sabe cómo puede estar cayendo la cortina blanca sobre los sembrados, echando al suelo las flores de los árboles, y levantándose por todas partes el olor maravilloso, como si el verde entregase su alma en ese olor. Y la entrega, claro, tanto como la recibe. Caen unos cuantos brotes, se tumban unas cuantas espigas y los que no caen ni se tumban, beben, impasibles, la gracia que les llueve encima... Y todo esto se puede agolpar en una mente con la claridad de una lámina iluminada con la minuciosidad de un detallado relato, pero sólo como un olor. Todo esto no es más que un olor a la puerta, un olor que se precipita sobre la que ha salido a olerlo y, desolada, se mete adentro, al olor a piojina[3] de las plumas, al olor de la sangre, al olor de la calderilla en el cajón, al olor del papel de estraza para los cucuruchos. Olores monótonos, seguros, cotidianos, sin memoria▼...

[3] Sinestesia. Forma figurada de referirse al olor de la pobreza, de la suciedad.

Rosa Chacel:
Barrio de Maravillas, 1976.

▼ Rosa Chacel combina la descripción y la reflexión dentro del monólogo interior. El olor, regalo de los sentidos, es el que precipita la memoria evocadora.

SOY EL DESTINO

Sí, te he querido como nunca.
¿Por qué besar tus labios, si se sabe que la muerte
                                       [está próxima,
si se sabe que amar es sólo olvidar la vida,
cerrar los ojos a lo oscuro presente
para abrirlos a los radiantes límites de un cuerpo?

Yo no quiero leer en los libros una verdad que poco
                                         [a poco sube como un agua,
renuncio a ese espejo que dondequiera las montañas
                                         [ofrecen,
pelada roca donde se refleja mi frente
cruzada por unos pájaros cuyo sentido ignoro.

No quiero asomarme a los ríos donde los peces co-
                               [lorados con el rubor de vivir,
embisten a las orillas límites de su anhelo,
ríos de los que unas voces inefables se alzan,
signos que no comprendo echado entre los juncos.

No quiero, no; renuncio a tragar ese polvo, esa tie-
                             [rra dolorosa, esa arena mordida,
esa seguridad de vivir con que la carne comulga
cuando comprende que el mundo y este cuerpo
ruedan como ese signo que el celeste ojo no en-
                                                  [tiende.

No quiero no, clamar, alzar la lengua,
proyectarla como esa piedra que se estrella en la
                                                 [frente,
que quiebra los cristales de esos inmensos cielos
tras los que nadie escucha el rumor de la vida.

Quiero vivir, vivir como la hierba dura▼,
como el cierzo o la nieve, como el carbón vigilante,
como el futuro de un niño que todavía no nace,
como el contacto de los amantes cuando la luna los
[ignora.

Soy la música que bajo tanto cabellos
hace el mundo en su vuelo misterioso,
pájaro de inocencia que con sangre en las alas
va a morir en un pecho oprimido.

Soy el destino que convoca a todos los que aman,
mar único al que vendrán todos los radios amantes
que buscan a su centro, rizados por el círculo
que gira como la rosa rumorosa y total.

Soy el caballo que enciende su crin contra el pelado
[viento,
soy el león torturado por su propia melena,
la gacela que teme al río indiferente,
el avasallador tigre que despuebla la selva,
el diminuto escarabajo que también brilla en el día.

Nadie puede ignorar la presencia del que vive,
del que en pie, en medio de las flechas gritadas,
muestra su pecho transparente que no impide mirar,
que nunca será cristal a pesar de su claridad,
porque si acercáis vuestras manos, podréis sentir la
[sangre.

Vicente Aleixandre:
La destrucción o el amor, 1935.

▼ Aleixandre asocia la plenitud con el ansia de vida y con la posesión, aunque sea fugaz, del cuerpo amado.

POETA EN LA CALLE

(es el título de un libro de Rafael Alberti y da nombre al *tema civil*)

EN LA PLAZA

Hermoso es, hermosamente humilde y confiante,
        [vivificador y profundo,
sentirse bajo el sol, entre los demás, impelido[1],   [1] Impulsado.
llevado, conducido, mezclado, rumorosamente arras-
        [trado.
No es bueno
5 quedarse en la orilla
como el malecón[2] o como el molusco que quiere cal-   [2] Muralla que sirve de rompeolas.
        [cáreamente[3] imitar a la roca.
Sino que es puro y sereno arrasarse en la dicha del   [3] Petrificado, calcificado.
        [fluir y perderse▼,
encontrándose en el movimiento con que el gran co-
        [razón de los hombres palpita extendido.

Como ése que vive ahí, ignoro en qué piso,
10 y le he visto bajar por unas escaleras
y adentrarse valientemente entre la multitud y
        [perderse.
La gran masa pasaba. Pero era reconocible el dimi-
        [nuto corazón afluido.
Allí, ¿quién lo reconocería? Allí con esperanza, con
        [resolución o con fe, con temeroso denuedo,
con silenciosa humildad, allí él también
15 transcurría.

Era una gran plaza abierta, y había olor de existencia.
Un olor a gran sol descubierto, a viento rizándolo,
un gran viento que sobre las cabezas pasaba su mano,
su gran mano que rozaba las frentes unidas y las re-
        [confortaba.
20 Y era el serpear[4] que se movía   [4] Ondulación.
como un único ser, no sé si desvalido, no sé si po-
        [deroso,

▼ El tono coloquial y la aparición del «nosotros» enlaza con el tema social de la poesía de los años cincuenta.

pero existente y perceptible, pero cubridor de la
[tierra.
Allí cada uno puede mirarse y puede alegrarse y
[puede reconocerse.
Cuando, en la tarde caldeada, solo en tu gabineta,
con los ojos extraños y la interrogación en la boca,   25
quisieras algo preguntar a tu imagen,
no te busques en el espejo,
en un extinto diálogo en que no te oyes.
Baja, baja despacio y búscate entre los otros.
Allí están todos, y tú entre ellos.   30
Oh, desnúdate y fúndete, y reconócete.
Entra despacio, como el bañista que, temeroso, con
[mucho amor y recelo al agua,
introduce primero sus pies en la espuma,
y siente al agua subirle, y ya se atreve, y casi ya se
[decide.
Y ahora con el agua en la cintura todavía no se
[confía.   35
Pero él extiende sus brazos, abre al fin sus dos brazos
[y se entrega completo.
Y allí fuerte se reconoce, y crece y se lanza,
y avanza y levanta espumas, y salta y confía,
y hiende y late en las aguas vivas, y canta, y es
[joven.
Así, entra con pies desnudos. Entra en el hervor, en
[la plaza.   40
Entra en el torrente que te reclaman y allí sé tú
[mismo.
¡Oh pequeño corazón diminuto, corazón que quiere
[latir
para ser él también el unánime corazón que le
[alcanza!

Vicente Aleixandre:
Historia del corazón, 1954.

COMENTARIO 4 («En la plaza»)

▶ *Una de las características de la poesía de V. Aleixandre es el deseo de fusión con el cuerpo amado, con la naturaleza, etc. ¿Cómo se manifiesta este anhelo panteísta en este poema?*

▶ *¿Qué sentido simbólico adquiere «la plaza» en esta composición?*

▶ *¿Cómo se conforma el estilo coloquial propio del lenguaje de este poema?*

▶ *¿Cómo resuelve Aleixandre la dicotomía entre el «yo» y el «nosotros», entre el individuo y la masa?*

▶ *Señala las comparaciones más significativas que aparecen en esta composición.*

▶ *En la poesía social hay un cambio en el destinatario del poema. ¿A qué tipo de lectores va dirigido «En la plaza»?*

▶ *¿Qué circunstancias históricas pudieron influir en el cambio que supone «Historia del corazón» con respecto a la obra anterior de V. Aleixandre?*

PARA QUIÉN ESCRIBO (I)

¿Para quién escribo?, me preguntaba el cronista, el periodista o simplemente el curioso.

No escribo para el señor de la estirada chaqueta, ni para su bigote enfadado, ni siquiera para su alzado índice admonitorio entre las tristes ondas de música.

Tampoco para el carruaje, ni para su ocultada señora (entre vidrios, como un rayo frío, el brillo de los impertinentes).

Escribo acaso para los que no me leen. Esa mujer que corre por la calle como si fuera a abrir las puertas a la aurora.

O ese viejo que se aduerme en el banco de esa plaza chiquitita, mientras el sol poniente con amor le toma, le rodea y le deslíe suavemente en sus luces.

Para todos los que no me lean, los que no se cuidan de mí, pero de mí se cuidan (aunque me ignoren).

Esa niña que al pasar me mira, compañera de mi aventura, viviendo en el mundo.

Y esa vieja que sentada a su puerta ha visto vida, paridora de muchas vidas, y manos cansadas.

Escribo para el enamorado; para el que pasó con su angustia en los ojos; para el que le oyó; para el que al pasar no miró; para el que finalmente cayó cuando preguntó y no le oyeron.

Para todos escribo. Para los que no me leen sobre
todo escribo▼. Uno a uno, y la muchedumbre. Y
para los pechos y para las bocas y para los oídos
30   donde, sin oírme, está mi palabra.

      Vicente Aleixandre
      En un vasto dominio. 1962

CANCIONES A XOCHIPILI (XVII)

Ésta fue mojada en cielo,
ésta fue mojada en sangre.
El que sepa quién pinta a las flores,
que hable.

5 Ay de la flor nazarena¹,   ¹ Morada, que recuer-
 triste de largo calvario,   da la pasión de Jesús.
 severa como la pena
 del exilado▼▼.

 Ay de la hecha² de oro,   ² Se refiere a la flor
10 oro que es luz en lo verde.   amarilla, símbolo de la
 Amarillo es el recuerdo   melancolía.
 de quien no vuelve.

 Ésta fue mojada en vino.
 Ésta fue mojada en nieve.

15 Ay de la flor llamarada
 que trepa y canta
 arriba, en lo más alto
 del exilado.

      José Moreno Villa:
      Poemas en México, 1956.

▼ El destinatario de la poesía ya no es una minoría selecta, como ocurría en movimientos y figuras poéticas anteriores, si no el hombre común, la «inmensa mayoría».

▼▼ Para muchos poetas del 27, es el exilio la situación que motiva su entrada en la poesía cívica.

IMPRESIÓN DE DESTIERRO

Fue la pasada primavera,
Hace ahora casi un año,
En un salón del viejo Temple, en Londres,
Con viejos muebles. Las ventanas daban,
Tras edificios viejos, a lo lejos,
Entre la hierba el gris relámpago del río,
Todo era gris y estaba fatigado
Igual que el iris de una perla enferma.

Eran señores viejos, viejas damas,
En los sombreros plumas polvorientas;
Un susurro de voces allá por los rincones,
Junto a mesas con tulipanes amarillos,
Retratos de familia y teteras vacías.
La sombra que caía
Con un olor a gato,
Despertaba ruidos en cocinas.

Un hombre silencioso estaba
Cerca de mí. Veía
La sombra de su largo perfil algunas veces
Asomarse abstraído al borde de la taza,
Con la misma fatiga
Del muerto que volviera
Desde la tumba a una fiesta mundana.

En los labios de alguno,
Allá por los rincones
Donde los viejos juntos susurraban,
Densa como una lágrima cayendo,
Brotó de pronto una palabra: España.
Un cansancio sin nombre
Rodaba en mi cabeza.
Encendieron las luces. Nos marchamos.

Tras largas escaleras casi a oscuras
Me hallé luego en la calle,

35	Y a mi lado al volverme,	
	Vi otra vez a aquel hombre silencioso,	....
	Que habló indistinto[1] algo	[1] Confuso.
	Con acento extranjero,	
	Un acento de niño en voz envejecida.	
	Andando me seguía	
40	Como si fuera solo bajo un peso invisible.	
	Arrastrando la losa de su tumba;	
	Mas luego se detuvo.	
	«¿España?», dijo. «Un nombre.	
	España ha muerto▼». Había	
45	Una súbita esquina en la calleja.	
	Le vi borrarse entre la sombra húmeda.	

        Luis Cernuda:
        Las nubes, 1940.

―――――――――――――――――――――――――――――――――――

▼ Esta frase patética resume la sensación de desarraigo de muchos exiliados ante el desastre de la guerra civil.

SER DE SANSUEÑA[▼]

Acaso allí estará, cuatro costados
Bañados en los mares, al centro la meseta
Ardiente y andrajosa. Es ella, la madrastra
Original de tantos, como tú, dolidos
De ella y por ella dolientes.　　　　　　　　　　5

Es la tierra imposible, que a su imagen te hizo
Para de sí arrojarte. En ella el hombre
Que otra cosa no pudo, por error naciendo,
Sucumbe de verdad, y como en pago
Ocasional de otros errores inmortales.　　　　　10

Inalterable, en violento claroscuro,
Mírala, piénsala. Árida tierra, cielo fértil,
Con nieves y resoles, riadas y sequías;
Almendros y cumberas, espartos y naranjas
Crecen en ella, ya desierto, ya oasis.　　　　　15

Junto a la iglesia está la casa llana,
Al lado del palacio está la timba[1],
El alarido ronco junto a la voz serena,
El amor junto al odio, y la caricia junto
A la puñalada. Allí es extremo todo.　　　　　20

La nobleza plebeya, el populacho noble,
La pueblan; dando terratenientes y toreros,
Curas y caballistas, vagos y visionarios,
Guapos y guerrilleros. Tú compatriota,
Bien que ello te repugne, de su fauna.　　　　25

[1] Casa de juego.

[▼] «Sansueña» es el nombre peculiar con el que Cernuda suele referirse a España.

Las cosas tienen precio. Lo es del poderío
La corrupción, del amor la no correspondencia;
Y ser de aquella tierra lo pagas con no serlo
de ninguna: deambular vacuo y nulo,
Por el mundo, que a Sansueña y sus hijos descono-
[ce.

Si en otro tiempo hubiera sido nuestra,
Cuando gentes extrañas la temían y odiaban,
Y mucho era ser de ella; cuando toda
Su sinrazón congénita, ya locura hoy
Como admirable paradoja se imponía.

Vivieron muerte, sí, pero con gloria
Monstruosa. Hoy la vida morimos
En ajeno rincón. Y mientras tanto
Los gusanos, de ella y su ruina irreparable,
Crecen, prosperan.

Vivir para ver esto.
Vivir para ser esto.

Luis Cernuda:
Vivir sin estar viviendo, 1949.

PEREGRINO

¿Volver? vuelva el que tenga,
Tras largos años, tras un largo viaje,
Cansancio del camino y la codicia
De su tierra, su casa, sus amigos,
Del amor que al regreso fiel le espere.

Mas, ¿tú? ¿Volver? Regresar no piensas,
Sino seguir libre adelante,

Disponible por siempre, mozo o viejo,
Sin hijo que te busque, como a Ulises[1],
Sin Ítaca[2] que aguarde y sin Penélope[3].　　　10
Sigue, sigue adelante y no regreses,
Fiel hasta el fin del camino y tu vida,
No eches de menos un destino más fácil,
Tus pies sobre la tierra antes no hollada[4],
Tus ojos frente a lo antes nunca visto.　　　15

          Luis Cernuda:
          La desolación de la quimera, 1962.

[1] Héroe protagonista de la *Odisea,* cuya aventura consiste en la búsqueda del regreso al hogar.
[2] Patria de Ulises.
[3] Esposa fiel de Ulises.
[4] No pisada.

Desde que podemos ver fácilmente, cuando volamos, las nubes desde arriba, como un suelo más que como un mar, hemos comprendido por qué los pájaros que vuelan más alto son los de rapiña carnicera, los más feroces y crueles; el suelo engañoso de las nubes, en los más altos de los cielos, les ha desengañado para siempre del idealismo. Nunca el hombre se hizo tan feroz y cruel, tan encarnizado y rapiñero, como cuando empezó a mirar la tierra desde el cielo. Cuando empezó a ver, desde tan alto, que también las nubes se arrastran por los cielos▼.

          José Bergamín:
          Mariposas muertas, 1962.

▼ Este texto expresa la desolación de J. Bergamín ante el comportamiento del ser humano, que utiliza los adelantos técnicos para destruirse con más precisión.

INSOMNIO

Madrid es una ciudad de más de un millón de cadáveres (según las últimas estadísticas).

A veces en la noche yo me revuelvo y me incorporo en este nido en el que hace 45 años que me pudro,

5   y paso largas horas oyendo gemir al huracán, o ladrar los perros, o fluir blandamente la luz de la luna.

Y paso largas horas gimiendo como el huracán, ladrando como un perro enfurecido, fluyendo
10 como la leche de la ubre caliente de una gran vaca amarilla.

Y paso largas horas preguntándole a Dios, preguntándole por qué se pudre lentamente mi alma▼,

    por qué se pudren más de un millón de cadáveres
15 en esta ciudad de Madrid,

    por qué mil millones de cadáveres se pudren lentamente en el mundo.

Dime, ¿qué huerto quieres abonar con nuestra podredumbre?

20 ¿Temes que se te sequen los grandes rosales del día,

    las tristes azucenas letales de tus noches?

Dámaso Alonso,
Hijos de la ira, 1946.

▼ La imprecación a Dios es muy frecuente en los antecedentes de la poesía social. Compárese con «Ancia», de Blas de Otero, quien también participa de este mismo tono de protesta hacia el creador.

El soldado soñaba, aquel soldado
de tierra adentro, oscuro: —Si ganamos▼,
la llevaré a que mire naranjos,
a que toque la mar, que nunca ha visto,
y se le llene el corazón de barcos.   5
Pero vino la paz. Y era un olivo
de interminable sangre por el campo.

                Rafael Alberti:
                Entre el clavel y la espada, 1940.

Se equivocó la paloma.
Se equivocaba ▼▼.

Por ir al norte, fue al sur.
Creyó que el trigo era agua.
Se equivocaba.   5

Creyó que el mar era el cielo;
que la noche, la mañana.
Se equivocaba.

Que las estrellas, rocío;
que la calor, la nevada.   10
Se equivocaba.

Que tu falda era tu blusa;
que tu corazón, su casa.
Se equivocaba.

(Ella se durmió en la orilla.   15
Tú, en la cumbre de una rama.)

                Rafael Alberti:
                Entre el clavel y la espada, 1940.

▼ Alberti se identifica en este libro con el miliciano que parte a la guerra para recuperar el paraíso. Muere en el intento, como muere la esperanza en el poeta.

▼▼ La paloma es el símbolo de la inocencia, que perece ante la brutalidad del mundo. También es el símbolo de la España republicana, perdida, sin esperanza.

A través de una niebla caporal[1] de tabaco
miro el río de Francia
moviendo escombros tristes, arrastrando ruinas
por el pesado verde ricino[2] de sus aguas.
Mis ventanas
ya no dan a los álamos y los ríos de España.

Quiero mojar la mano en tan espeso frío
y parar lo que pasa
por entre ciegas bocas de piedra, dividiendo
subterráneas corrientes de muertos y cloacas.
Mis ventanas
ya no dan a los álamos y los ríos de España.

Miro una lenta piel de toro desollado,
sola, descuartizada,
sosteniendo cadáveres de voces conocidas,
sombra abajo, hacia el mar, hacia una mar sin bar-
[cas.
Mis ventanas
ya no dan a los álamos y los ríos de España.

Desgraciada viajera fluvial que de mis ojos
desprendido arrancas
eso que de sus cuencas desciende como río
cuando el llanto se olvida de rodar como lágrima.
Mis ventanas
ya no dan a los álamos y los ríos de España.

Rafael Alberti:
Entre el clavel y la espada, 1940.

[1] Marca de tabaco francés.

[2] Planta de la que se extrae un aceite purgante.

RETORNOS FRENTE A LOS LITORALES ESPAÑOLES

Madre hermosa, tan triste y alegre ayer, me mues-
[tras▼
hoy tu rostro arrugado en la mañana
en que paso ante ti sin poder todavía,
después de tanto tiempo, ni abrazarte.
Sales de las estrellas de la noche
mediterránea, el ceño[1] de neblina,
fuerte, amarrada, grande y dolorosa.
Se ve la nieve en tus cabellos altos
de Granada, teñidos para siempre
de aquella sangre pura que acunaste
y te cantaba —¡ay sierras!— tan dichosa.
No quiero separarte de mis ojos,
de mi corazón, madre, ni un momento
mientras te asomas, lejos, a mirarme.
Te doy vela segura, te custodio
sobre las olas lentas de este barco,
de este balcón que pasa y que lleva
tan distante otra vez de tu amor, madre mía.
Éste es mi mar, el sueño de mi infancia
de arenas, de delfines y gaviotas.
Salen tus pueblos escondidos, rompen
de tus dulces cortezas litorales,
blancas de cal las frentes, chorreados
de heridas y de sombras de tus héroes.
Por aquí la alegría corrió con el espanto
por ese largo y duro
costado que sumerges en la espuma,
fue el calvario de Málaga a Almería,

[1] Aspecto borroso, difuminado.

▼ Compárese este poema con «Ser de Sansueña», de Cernuda. Si a este último España le sugiere el rechazo y desprecio, para Alberti es la madre perdida, irrecuperable.

        el despiadado crimen,
30   todavía —¡oh vergüenza!— sin castigo.
        Quisiera me miraras pasar hoy jubiloso
        lo mismo que hace tiempo
        era dentro de ti,
        colegial o soldado,
35   voz de tu pueblo, canto ardiente y libre
        de tus ensangrentadas,
        verdes y altas coronas conmovidas.
        Dime adiós, madre, como yo te digo,
        sin decírtelo casi, adiós, que ahora,
40   ya otra vez sólo mar y cielo solos,
        puedo vivir de nuevo, si lo mandas,
        morir, morir también, si así lo quieres.

                      Rafael Alberti:
                      Retornos de lo vivo lejano, 1956.

TENGO MIEDO

He pedido mi ingreso en ese cuerpo voluntario,
en esa rumorosa claridad disidente,
en esa muerta nave que aún flota medio hundida
bajo el celeste asedio de las más altas aves.
He pedido mi ingreso en esa región donde vuelan
                                            [los ríos
como blancas heridas o soñadoras cabelleras.
He pedido mi ingreso en la región de los palacios
                                        [desolados;
en la región de los paisajes muertos,
donde la arena cuelga sus míseras carroñas o pa-
                                             [cientes
rebaños bajo la luz más débil de la luna.

He pedido mi ingreso en la legión de los hombres
                                           [perdidos▼;
de los hombres que suenan sus huesos solitarios
por los huecos caminos que los alejan de su frente...

Tengo miedo a este brazo que en la tierra navega,
Tengo miedo a los topos de mis distritos subterrá-
                                                [neos.
Tengo miedo a estas aves que mi carne circun-
                                                 [dan;
en sus temibles horcas permanezco.

Permanezco sin célula estrangulado por mi sangre
en las horas nocturnas en que galopan los desier-
                                                  [tos,
en las horas nocturnas en que lloran los pozos
y se mueren los niños como flautas lejanas.

▼ Emilio Prados siente el impulso solidario con los seres más débiles, y lo expresa, como lo había hecho Lorca en *Poeta en Nueva York,* con imágenes insólitas y oníricas.

Cuando la Tierra aúlla como un enorme perro
ante las multitudes devoradoras que la acompa-
[ñan,
he pedido mi ingreso en esas muchedumbres silen-
[ciosas
que se acercan sin rostro por las orillas de las tum-
[bas.

Tengo miedo a mis ojos. Tengo miedo.
Tengo miedo a la aurora y a esta luz que la irrita.
Tengo miedo a las sombras que me levantan.

¡Oh noche dolorosa encallada en el aire a un pez
[bajo los ojos!
Como blancas hormigas, como estrellas que mue-
[ren,
he pedido mi ingreso bajo tus diminutos ejércitos
[caminantes.

    Emilio Prados:
    Andando, andando por el mundo,
    1935.

DOLOR TRAS DOLOR (I)

De súbito,
Dominando una masa de ciudad
En calor de gentío,
Surge con atropello
Clamante, suplicante, 5
Gimiente,
Desgarrándolo todo,
La terrible sirena▼.

    ¿Qué, qué ocurre?
¿Quién está agonizando 10
Muy cerca de nosotros, ahora mismo?
¿Dónde el mal, sus revólveres, sus llamas?
La sirena se arroja,
Va tras la salvación,
Con apremiante angustia 15
Se impone.

Pasa hiriendo el minuto:
Alarido brutal, que nos concierne.
Pide atención a todos sin demora
La alarma, tanta alarma. 20
Y un dolor invasor ocupa el ámbito
De la calle, del hombre.

        Jorge Guillén:
        Clamor, 1963.

▼ En su libro *Clamor,* Guillén expresa la angustia y el dolor humano. La sirena simboliza el desorden que rompe la armonía del mundo.

DESPERTAR ESPAÑOL (II)

Ay patria,
Con malos padres y con malos hijos,
O tal vez nada más desventurados
En el gran desconcierto de una crisis
Que no se acaba nunca,
Esa contradicción que no nos deja
Vivir nuestro destino,
A cuestas cada cual
Con el suyo en un ámbito despótico.
Ay, patria,
Tan anterior a mí,
Y que yo quiero, quiero
Viva después de mí —donde yo quede
Sin fallecer en frescas voces nuevas
Que habrán de resonar hacia otros aires,
Aires con una luz
Jamás, jamás anciana.
Luz antigua tal vez sobre los muros
Dorados
Por el sol de un octubre y de su tarde:
Reflejos
De muchas tardes que no se han perdido,
Y alumbrarán los ojos de otros hombres
—Quién sabe— y sus hallazgos ▼.

Jorge Guillén:
Clamor, 1963.

▼ En este poema, J. Guillén expresa su esperanza en una España nueva, que no renuncie a la voz de los que se vieron obligados a marchar al exilio: una España liberada de sus traumas históricos.

MI VOZ PRIMERA

Entre alaridos se sostiene
su débil rama,
entre escombros de guerra,
viva en mi corazón endurecido.
Como una flor sencilla
entre las piedras del pasado,
está mi voz primera,
la inocente palabra de mis versos,
esperando que se retiren los fantasmas,
se ordenen los quebrados edificios,
se cierren las trincheras.

Hoy la flor del almendro
conoce las abejas de la muerte,
el insecto que anida en los fusiles,
y el agua del remanso, que se daba
a la caricia de algún pie desnudo,
sufre durante todo el largo día
un desfile de botas militares.

No buscan los tesoros de las minas
los insistentes golpes de los picos,
ni los profundos cráteres, abiertos
por los disparos de la artillería,
son para repoblar de selva el monte.

Es la guerra, mi voz acostumbrada
a cantar el amor y el pensamiento,
llora esta vez el odio y la locura.
Fuera de sí mi voz llora el ardiente
delirio de un incendio apasionado,
llora su rojo fuego vengativo.

Manuel Altolaguirre:
Nube temporal, 1939.

LA AURORA

La aurora de Nueva York tiene
cuatro columnas de cieno
y un huracán de negras palomas
que chapotean las aguas podridas.

La aurora de Nueva York gime
por las inmensas escaleras
buscando entre las aristas
nardos de angustia dibujada.

La aurora llega y nadie la recibe en su boca
porque allí no hay mañana ni esperanza posible.
A veces las monedas en enjambres furiosos
taladran y devoran abandonados niños.

Los primeros que salen comprenden con sus huesos
que no habrá paraísos ni amores deshojados;
saben que van al cieno de números y leyes,
a los juegos sin arte, a sudores sin fruto▼.

La luz es sepultada por cadenas y ruidos
en impúdico reto de ciencia sin raíces.
Por los barrios hay gentes que vacilan insomnes
como recién salidas de un naufragio de sangre.

F. García Lorca:
Poeta en Nueva York, 1940.

▼ La deshumanización impuesta por el sistema capitalista americano choca con la sensibilidad de G. Lorca. Los números, las monedas, las leyes, impiden al hombre cumplir su destino, le esclavizan con las cadenas del progreso.

GRITO HACIA ROMA

(Desde la torre del Chrysler Building) ▼

Manzanas levemente heridas
por los finos espadines de plata,
nubes rasgadas por una mano de coral
que lleva en el dorso una almendra de fuego,
peces de arsénico[1] como tiburones,
tiburones como gotas de llanto para cegar una mul-
[titud,
rosas que hieren
y agujas instaladas en los caños de la sangre,
mundos enemigos y amores cubiertos de gusanos
caerán sobre ti. Caerán sobre la gran cúpula
que untan de aceite las lenguas militares
donde un hombre se orina en una deslumbrante pa-
[loma▼▼
y escupe carbón machacado
rodeado de miles de campanillas.

Porque ya no hay quien reparta el pan ni el vino,
ni quien cultive hierbas en la boca del muerto,
ni quien abra los linos del reposo,
ni quien llore por las heridas de los elefantes.
No hay más que un millón de herreros
forjando cadenas para los niños que han de venir.
No hay más que un millón de carpinteros
que hacen ataúdes sin cruz.
No hay más que un gentío de lamentos
que se abren las ropas en espera de la bala.

[1] Veneno mortal.

▼ Este grito de auxilio lo lanza Lorca hacia Roma, patria de la cultura occidental y polo opuesto al capitalismo americano.

▼▼ Las imágenes oníricas representan el caos en el que se desenvuelve la existencia del hombre moderno.

25 El hombre que desprecia la paloma debía hablar,
    debía gritar desnudo entre las columnas,
    y poner una inyección para adquirir la lepra
    y llorar un llanto tan terrible
    que disolviera sus anillos y sus teléfonos de diaman-
    [te.
30 Pero el hombre vestido de blanco
    ignora el misterio de la espiga,
    ignora el gemido de la parturienta,
    ignora que Cristo puede dar agua todavía,
    ignora que la moneda quema el beso de prodigio
35 y da sangre del cordero al pico idiota del faisán.
    Los maestros enseñan a los niños
    una luz maravillosa que viene del monte;
    pero lo que llega es una reunión de cloacas
    donde gritan las oscuras ninfas del cólera.
    Los maestros señalan con devoción las enormes
40   [cúpulas sahumadas²;
    por debajo de las estatuas no hay amor,
    no hay amor bajo los ojos de cristal definitivo.
    El amor está en las carnes desgarradas por la sed,
    en la choza diminuta que lucha con la inunda-
    [ción;
    el amor está en los fosos donde luchan las sierpes
45   [del hambre,
    en el triste mar que mece los cadáveres de las gavio-
    [tas
    y en el oscurísimo beso punzante debajo de las al-
    [mohadas.
    Pero el viejo de las manos traslúcidas
    dirá: amor, amor, amor,
    aclamado por millones de moribundos
50 dirá: amor, amor, amor,
    entre el tisú³ estremecido de ternura;
    dirá: paz, paz, paz,
    entre el tirite⁴ de cuchillos y melones de dinami-
    [ta;

² Cúpula de las iglesias, perfumadas de incienso.

³ Tela de seda.

⁴ Temblor amenazante.

dirá: amor, amor, amor,
hasta que se le pongan de plata los labios. 55
Mientras tanto, mientras tanto, ¡ay!, mientras tan-
[to,
los negros que sacan las escupideras▼,
los muchachos que tiemblan bajo el terror pálido de
[los directores,
las mujeres ahogadas en aceites minerales,
la muchedumbre de martillo, de violín o de nube, 60
ha de gritar aunque le estrellen los sesos en el muro,
ha de gritar frente a las cúpulas,
ha de gritar loca de fuego,
ha de gritar loca de nieve,
ha de gritar con la cabeza llena de excremento, 65
ha de gritar como todas las noches juntas,
ha de gritar con voz tan desgarrada
hasta que las ciudades tiemblen como niñas
y rompan las prisiones del aceite y la música,
porque queremos el pan nuestro de cada día, 70
flor del aliso y perenne ternura desgranada,
porque queremos que se cumpla la voluntad de la
[Tierra
que dé sus frutos para todos.

F. García Lorca:
Poeta en Nueva York, 1929.

▼ G. Lorca sintió la misma atracción por los negros que había sentido anteriormente por los gitanos, como seres marginados y marcados por un destino trágico.

MANUAL DE ESPUMAS

(es el título de un libro de Gerardo Diego
y da nombre al *tema del juego y de la gracia*)

JARDÍN DE AMORES

Vengo de los comedores
que dan al jardín de amores ▼.

¡Oh reina de los ciruelos,
bengala de los manteles,
5   dormida entre los anhelos
de las aves moscateles!

¡Princesa de los perales,
infanta de los fruteros,
dama en los juegos florales
10   de los melocotoneros!

¿A quién nombraré duquesa
de la naranja caída?
¿Quién querrá ser la marquesa
de la mora mal herida?

15   Vengo de los comedores
que dan al jardín de amores.

Rafael Alberti:
Marinero en tierra, 1924.

▼ La estructura métrica de esta composición reproduce el orden de glosa y estribillo, propio del villancico tradicional.

LARRY SEMON EXPLICA▼
A STAN LAUREL Y OLIVER HARDY
EL TELEGRAMA QUE HARRY LANGDON
DIRIGIÓ A BEN TURPIN

Angelito constipado cielo.
Pienso alas moscas horrorizado
y en dolor tiernas orejitas alondras campos.

Cielo constipado angelito.
Nunca supe nada sepelio niños
y sí pura ascensión cuellos pajaritas.

Angelito cielo constipado.
Preguntad por mí a saliva desconsolada suelo
y a triste y solitaria colilla.

También yo he muerto.

                        Larry Semon.

                    Rafael Alberti:
                    Yo era un tonto y lo que he visto
                    me ha hecho dos tontos, 1929.

▼ Larry Semon, Harry Langdon, Stan Laurel y Oliver Hardy (el Gordo y el Flaco), Ben Turpin, fueron actores muy populares en el cine mudo.

BAILECITO DE BODAS

Por el Totoral,
bailan las totoras[1]
del ceremonial.

Al tuturuleo
que las totorea,
baila el benteveo
con su bentevea.
¿Quién vio al picofeo[2]
tan pavo real,
entre las totoras,
por el Totoral[3]?

Clavel ni alhelí,
nunca el rondaflor▼
vieron tan señor
como al benteví.
Cola color sí,
color no, al ojal,
entre las totoras,
por el Totoral.

Benteveo, bien,
al tuturulú,
chicoleas tú
con tu ten con ten.

[1] Planta de América Meridional.

[2] Tucán, ave trepadora.

[3] Lugar poblado de totoras.

▼ Términos como rondaflor, tururulú, ten con ten o bentevi son puro significante, sin contenido semántico. El poeta los inventa para conseguir efectos sonoros y rítmicos, y crear el ambiente misterioso de la fórmula encantatoria.

¿Quién picará a quién,
al punto final, 25
entre las totoras,
por el Totoral?

Por el Totoral,
bailan las totoras
del matrimonial▼. 30

Rafael Alberti:
Entre el clavel y la espada, 1940.

YO QUIERO MERENDAR CON JACINTA

¡Jacinta muerde tan bien la cereza!
Jacinta tiene áspera la melena,
pero con ondas largas, como sus piernas.
Jacinta se tiende en el césped
como en un mar; 5
Jacinta es la mujer perfecta
a la hora de merendar.
Jacinta se emociona con Lincoln[1]
por austero, tenaz y político,
muerde una tostada 10
y me da la parte mordisqueada.

José Moreno Villa:
Jacinta la pelirroja, 1928.

[1] Presidente de los Estados Unidos, gloria nacional.

▼ Esta composición reproduce el ritmo de las fórmulas infantiles de rifa. En ellas la función poética sustituye a cualquier otra función lingüística.

CARAMBAS (X)

Caramba, cáspita y caray...
los tres en un auto desvencijado,
hacia el país que todo lo desecha
y no sabe,
y no quiere,
y se sienta a la sombra de las mancebías[1],
de las porterías
y de las avellanas vacías.

[1] Burdeles.

José Moreno Villa:
Carambas, 1931.

En el cielo nube y sol
y el vendaval del amor.

Al pecho del marinero
el vendaval de los celos,
tres noches recién cortadas
y una niña enamorada.

Y en el cielo nube y sol
y el vendaval del amor.

*

La niña bordó el pañuelo,
pero lo bordó al revés
y puso el mar en el cielo.

Todos los peces estrellas
y toda la espuma niebla.

Cuando se quiso bañar
cayó desde el cielo al mar.

Pasó un barco por el cielo;
lo vio la niña en el mar
y ya no volvió a bordar.

*

Al pecho del marinero
el vendaval de los celos.

Y en el cielo nube y sol
y el vendaval del amor.

Emilio Prados:
País, 1925.

La niña llama a su padre «Tatá, dadá▼».
La niña llama a su madre «Tatá, dadá».
Al ver las sopas
la niña dijo
5 «Tatá, dadá».
Igual al ir en tren,
cuando vio la verde montaña
y el fino mar.
«Todo lo confunde», dijo
10 su madre. Y era verdad.
Porque cuando yo la oía
decir «Tatá, dadá»,
veía la bola del mundo
rodar, rodar,
15 el mundo todo una bola
y en ella papá, mamá,
el mar, las montañas, todo
hecho una bola confusa;
el mundo «Tatá, dadá».

Pedro Salinas:
Presagios, 1924.

UNDERWOOD GIRLS▼▼

Quietas, dormidas están,
las treinta, redondas, blancas.
Entre todas
sostienen el mundo.

▼ «Dadá» reproduce los primeros sonidos infantiles, y alude además al movimiento dadaísta, capitaneado por Tristán Tzara.

▼▼ Las máquinas de escribir Underwood fascinan al poeta. Este poema tiene un cierto carácter futurista.

Míralas, aquí en su sueño,
como nubes,
redondas, blancas, y dentro
destinos de trueno y rayo,
destinos de lluvia lenta,
de nieve, de viento, signos.
Despiértalas,
con contactos saltarines
de dedos rápidos, leves,
como a músicas antiguas.
Ellas suenan otra música:
fantasías de metal,
valses duros, al dictado.
Que se alcen desde siglos
todas iguales, distintas
como las olas del mar
y una gran alma secreta.
Que se crean que es la carta,
la fórmula, como siempre.
Tú alócate
bien los dedos, y las
raptas y las lanzas,
a las treinta, eternas ninfas
contra el gran mundo vacío,
blanco en blanco.
Por fin a la hazaña pura,
sin palabras, sin sentido,
ese, zeda, jota, i...

Pedro Salinas:
Fábula y signo, 1931.

TRAS EL COHETE

Yo quiero
Peligros
Extremos:
Delirios
En cielos
Precisos
Y tersos.

¡Caballos
De fuegos
Crinados,
Sujetos
A manos
De vientos
Muy claros!

Por playas
En arco,
Rayadas
Al paso
Del agua,
Desbando
Mis ansias.

Se arrojan
Muy blancas,
De rocas
A calas
De aurora
Muchachas
Dichosas.

¡Caribes
Afloran,
Y miles
De bodas
Rubíes
Tan rojas
Sonríen!

Yo digo:
—¿Ya hay libres
Estíos
Sin lindes
Tendidos?
—Ven, dice
mi sino▼.

Jorge Guillén:
Cántico, 1950.

▼ El tetrasílabo contribuye a crear la sensación de rapidez que inspira el cohete. Gráficamente, el poema reproduce la línea ascendente del cohete.

DÚO

Bigotillo sutil▼:
doble, sí, un caracol.
Ondulante el tupé¹.
«Canotier»² para el sol.
Al ojal un clavel,
en la mano el bastón.
El bastón es juncal³,
petulante la flor.
¡Cómo cruza gentil
—el botín, de charol—
y saluda al pasar
al marqués y al barón!
Al llegar al jardín,
una dama... «¡Perdón!
¿Este guante?...» (Mirar
es amar, es amor.)
Todo es vals o es chotís
o es can-can. ¿Es galop⁴?
Oh, pareja feliz
en el suave jardín...

Vicente Aleixandre:
En un vasto dominio, 1962.

¹ Mechón de pelo que se levanta sobre la frente.
² Tipo de sombrero.
³ Esbelto.
⁴ Danza de origen húngaro.

▼ El ritmo heptasílabo y la graciosa rima aguda cooperan a crear el retrato de este arlequín enamorado.

EL MASTODONTE

—Consuélate, yo te veo
Mastodonte, no estás mal...
Dice el niño en el museo
De Historia muy Natural.

¿Adónde vas, mastodonte,
Adónde vas por ahí?
¿Vas en busca de algún monte
Con fragancia de alhelí?

La historia no ha comenzado.
No hay gobierno. No hay deber.
Para la flor está el prado.
Para el hombre, la mujer.

¡Oh mastodonte ligero,
Que prefieres el talud
Como ideal de sendero
Si despilfarras salud!

El niño con el poeta
No ve más que tu esplendor
Mastodonte, puro atleta
Del circo del Creador.

Jorge Guillén:
Maremágnum, 1957.

El carnaval no es ninguna de las dos cosas: no es ni alegre ni triste: es... no sé..., es tremendo. Lo que menos se comprende es lo feo, los payasos, las caretas de las destrozonas[1], las destrozonas mismas cuando uno lo que quiere es la purpurina, la tarlatana[2], las cosas que no se ponen todos los días, las cosas que parecen de lujo, pero que no lo son. Son más que lujo porque los que se visten de príncipes o de sultanes, son sultanes o príncipes antiguos, muertos..., casi santos. Todo lo que está tan lejos es casi santo: tiene que tener algo de santo para que la memoria lo haya conservado con ese brillo...

[1] Lo grotesco.

[2] Tela de algodón, parecida a la muselina.

(...) Las serpentinas, el confeti... ¡Es como para emborracharse! Por eso se emborracha tanto la gente en el carnaval, porque todo es como para emborracharse. Una serpentina, verla desenvolverse, y caer, cuando la tiran de un balcón, en espiral, deshaciéndose el tirabuzón hasta quedar tendida donde la lleva el aire, y siempre meciéndose, balanceándose, entremezclada con otras. ¡Qué cosa divina! Divina porque no se concibe que un hombre cualquiera haya podido inventar una cosa así. ¿En qué se inspiró el que inventó una serpentina?, en las virutas del carpintero, tal vez. Sí, pero el cómo se desenvuelve al caer y, sobre todo el cómo se mezcla con otras, todas iguales, aunque de diferentes colores y ese ser iguales y mezclarse sin escaparse, todas prendidas en el balcón, como una melena, pero una melena que no sólo cae por su peso, pesa poco y el viento la lleva, pero no llega a alisarla del todo, las puntas conservan su curva, el tirabuzón no se deshace del todo, se queda convertido en una especie de gancho en la punta, que se alarga como los pámpanos[3] de las parras, pero no se agarran nunca, se quedan como demostrando el deseo de agarrarse, el deseo de agarrar algo del que las tira y se queda con ellas prendidas como extendiéndose, prolongándose en ellas... Y el confeti ¡no digamos!... Esa explosión... le tiran a una un puñado a la cara y es un golpe blando que se convierte en una nube de colores...

Rosa Chacel:
Barrio de Maravillas, 1976.

[3] Zarcillo de la vid.

BAILARINA

La japonesa tiembla en el alambre
sostenida

    en las cuatro puntas de su sombrilla

Relámpagos rítmicos
brotan de sus senos

    Globos y bengalas
    se inflaman en el aire.

    Y sobre las espumas
    se retuercen látigos de medusas [1].

Al hacer un gesto
una bandada de alas anhelantes
le ciñe todo el cuerpo

Los violines enredan sus madejas

    Pero ella no tropieza

Por la noche

    Duerme sobre una pata
con las alas plegadas a modo de corbata▼.

    Gerardo Diego:
    Limbo, 1921.

---

[1] Criatura mitológica, cuyos cabellos eran serpientes.

▼ El juego creacionista, que basa la calidad poética en la imagen mágica y sugerente, es la base de este poema.

COLUMPIO

A caballo en el quicio del mundo
un soñador jugaba al sí y al no

Las lluvias de colores
emigraban al país de los amores

    Bandadas de flores

Flores de sí   Flores de no▼

    Cuchillos en el aire
    que le rasgan la carnes
    forman un puente

Sí   No

    Cabalga el soñador
    Pájaros arlequines[1]

cantan el sí   cantan el no

    Gerardo Diego:
    Estribillo, 1921.

---

[1] Personaje de la «Comedia del arte» italiana. Alude a la gracia y también al contraste de los distintos colores de su traje.

▼ Este poema no describe un columpio, es un columpio, y su balanceo es el de la palabra. En esto consiste el juego creacionista.

ESTÉTICA

ESTRIBILLO   ESTRIBILLO   ESTRIBILLO
El canto más perfecto es el canto del grillo

Paso a paso
   se asciende hasta el Parnaso[1]
Yo no quiero las alas de Pegaso[2]

      Dejadme auscultar
   el friso[3] sonoro que fluye la fuente

   Los palillos de mis dedos
     repiquetean ritmos ritmos ritmos
   en el tamboril del cerebro
Estribillo   Estribillo   Estribillo
El canto más perfecto es el canto del grillo

          Gerardo Diego:
          Estribillo, 1921.

[1] Monte donde habitaban las musas, inspiradoras de los poetas.

[2] Caballo alado que creó una fuente inspiradora de poetas.

[3] Zócalo. Sinestesia: el sonido de la fuente rodea a ésta como un zócalo.

FE

Gusanos del papel
van hilando los libros con la miel

Aunque todo se pierda
    queda un rastro de garganta
        y un temblor de agua

No temas
Cuelga tu vida como ropa inútil
y chapúzate en músicas desnudas

Para los sueños imposibles
la luna se hizo carne

Yo he visto una mujer
modelando su hijo
con una máquina de coser.

Gerardo Diego:
Imagen, 1921.

NIEVE

La noche marchó en tren
y el ala de mi verso se abre y se cierra bien

Hoy los corderos amontonan la risa

Es el día sin mar

Nunca estuvo tan cerca
la mujer hermosa
y el árbol escolar

La nieve sube y baja
y las orugas hilan la mortaja

Gerardo Diego:
Manual de espumas, 1922.

PANORAMA

El cielo está hecho con lápices de colores
Mi americana intacta no ha visto los amores
Y nacido en las manos del jardinero
el arco iris riega los arbustos exteriores

Un pájaro perdido anida en mi sombrero

Las parejas de amantes marchitan el parquet[1]

Y se oyen débilmente las órdenes de Dios
que juega consigo mismo al ajedrez

Los niños cantan por abril
La nube verde y rosa ha llegado a la meta
Yo he visto nacer flores
entre las hojas del atril[2]
y al cazador furtivo matar una cometa

En su escenario nuevo ensaya el verano
y en un rincón del paisaje
la lluvia toca el piano

                Gerardo Diego:
                Manual de espumas, 1922.

---

[1] Tarima.

[2] Soporte donde se colocan los libros.

LOS CONSEJOS DE TÍO DÁMASO A LUIS CRISTÓBAL▼

Haz lo que tengas gana,
  Cristobalillo,
lo que te dé la gana
  que es lo sencillo.

Llegaste a un mundo donde
  manda la chacha,
mandan los mandamases
  y hay poca lacha[1].

Caso nunca les hagas
  a los mayores.
Los consejos de Dámaso
  son los mejores.

Tira, mi niño, tira,
  si te da gana,
los libros de papito
  por la ventana.

Cuélgate de las lámparas
  y los manteles,
rompe a mamita el vaso
  de los claveles.

¿Que hay pelotón de goma?
  Chuta e impacta.
¡Duro con la pintura
  llamada abstracta!

Rompe tazas y platos.
  ¡Viva el jolgorio
y las almas benditas
  del purgatorio!

[1] Vergüenza.

▼ Luis Cristóbal es el hijo del poeta Luis Rosales.

> La mejor puntería
>   te la aconsejo
> si es que se pone a tiro
>   cualquier espejo.
>
> Aún hay más divertido:
>   coge chinillas,
> y con un tiragomas
>   ¡a las bombillas!
>
> Pero ahora se me ocurre
>   algo estupendo,
> donde papá se encierra
>   vete corriendo.
>
> ¡Macho, cuántos papeles!
>   Tú, con cerillas,
> vas y a papá le quemas
>   esas cosillas...
>
> ¡Verás qué cara pone!
>   ¡Qué gracia tiene!
> Anda, sin que te vea,
>   mira que viene.
>
> Vamos a divertirnos
>   tú y yo, mi cielo.
> Es un asco este mundo:
>   conviene que lo
>
> pongamos boca abajo.
>   ¡Es tan sencillo!
> Vamos a hacer un mundo
>   nuevo, chiquillo.

Dámaso Alonso:
Poemas ocasionales, 1981.

CANCIÓN TONTA

Mamá.
Yo quiero ser de plata.

Hijo,
tendrás mucho frío.

Mamá.
Yo quiero ser de agua.

Hijo,
tendrás mucho frío.

Mamá.
Bórdame en tu almohada.

¡Eso sí!
¡Ahora mismo!

F. García Lorca:
Canciones, 1924.

CANCIONCILLA SEVILLANA

Amanecía
en el naranjel.
Abejitas de oro
buscaban la miel.

5 ¿Dónde estará
la miel?

Está en la flor azul,
Isabel.
En la flor,
10 del romero aquel.

(Sillita de oro▼
para el moro.
Silla de oropel[1]
para su mujer.)

15 Amanecía
en el naranjel.

F. García Lorca:
Canciones, 1924.

[1] Adorno que imita el oro con ostentación.

▼ En Lorca el juego tiene siempre alguna reminiscencia popular infantil, y una extraña trascendencia.

MI NIÑA SE FUE A LA MAR

Mi niña se fue a la mar,
a contar olas y chinas[1],
pero se encontró, de pronto,
con el río de Sevilla.

Entre adelfas y campanas
cinco barcos se mecían,
con los remos en el agua
y las velas en la brisa.

¿Quién mira dentro la torre
enjaezada[2] de Sevilla?
Cinco voces contestaban
redondas como sortijas▼.

El cielo monta gallardo[3]
al río, de orilla a orilla.
En el aire sonrosado,
cinco anillos se mecían.

F. García Lorca:
Canciones, 1924.

[1] Piedras diminutas.

[2] Adornada.

[3] De hermosa presencia.

▼ Debajo de la aparente sencillez de la canción infantil se esconden sinestesias como ésta: «Las voces redondas».

EL NIÑO MUDO

El niño busca su voz▼.
(La tenía el rey de los grillos.)
En una gota de agua
buscaba su voz el niño.

No la quiero para hablar;
me haré con ella un anillo
que llevará mi silencio
en su dedo pequeñito.

En una gota de agua
buscaba su voz el niño.

(La voz cautiva, a lo lejos,
se ponía un traje de grillo.)

F. García Lorca:
Canciones, 1924.

▼ Esta imagen nos recuerda a los juegos absurdos del nonsense inglés, que inspiró a Lewis Carrol la historia de *Alicia en el país de las maravillas.*

DONDE HABITE EL OLVIDO

(es el título de un libro de Luis Cernuda y da nombre al *tema de la muerte*)

Yo te pido, Señor, la misma muerte
que das al pájaro en su vuelo.
O la que das a la feroz ternura
del animal perdido en su desierto.
Una muerte que venga del abismo
más hondo del Infierno
a devolverle al corazón su llama
para que siga ardiendo

José Bergamín:
La claridad desierta, 1964.

Una noche soñé que estaba muerto
y tú no lo creías.
Y estabas a mi lado y me mirabas
creyendo que dormía.
No sé cuándo ni cómo despertaba
de aquella pesadilla,
pero sé que la muerte que soñaba
la sueño todavía▼.

José Bergamín:
Esperando la mano de nieve, 1981.

▼ La combinación clásica de heptasílabos y endecasílabos se entrelaza con la dicotomía entre vida y sueño, que desarrolló Calderón en *La vida es sueño.*

CANCIÓN A UNA MUCHACHA MUERTA

Dime, dime el secreto de tu corazón virgen,
dime el secreto de tu cuerpo bajo tierra,
quiero saber por qué ahora eres un agua,
esas orillas frescas donde unos pies desnudos se
[bañan con espuma.

Dime por qué sobre tu pelo suelto,
sobre tu dulce hierba acariciada,
cae, resbala, acaricia, se va
un sol ardiente o reposado que te toca
como un viento que lleva sólo un pájaro o mano.

Dime por qué tu corazón como una selva diminu-
[ta
espera bajo tierra los imposibles pájaros,
esa canción total que por encima de los ojos
hacen los sueños cuando pasan sin ruido.

Oh tú, canción que a un cuerpo muerto o vivo,
que a un ser hermoso que bajo el suelo duerme,
cantas color de piedra, color de beso o labio,
cantas como si el nácar durmiera o respirara.

Esa cintura, ese débil volumen de un pecho triste,
ese rizo voluble que ignora el viento,
esos ojos por donde sólo boga el silencio,
esos dientes que son de marfil resguardado,
ese aire que no mueve unas hojas no verdes.

¡Oh tú, cielo riente que pasas como nube;
oh pájaro feliz que sobre un hombro ríes;
fuente que, chorro fresco, te enredas con la luna;
césped blando que pisan unos pies adorados!

Vicente Aleixandre:
La destrucción o el amor, 1935.

EL OLVIDO

No es tu final como una copa vana
que hay que apurar. Arroja el casco y muere.

Por eso lentamente levantas en tu mano
un brillo o su mención, y arden tus dedos,
como una nieve súbita.
Está y no estuvo, pero estuvo y calla.
El frío quema y en tus ojos nace
su memoria. Recordar es obsceno;
peor: es triste. Olvidar es morir.

Con dignidad murió. Su sombra cruza.

>   Vicente Aleixandre:
>   *Poemas de la consumación,* 1968.

No puedo saber de dónde provenía el terror de las fieras y su frecuente aparición en mis sueños. Lo más raro es que, en la vigilia, la imagen de las fieras era siempre simpática, seductora más bien, reducida o limitada a su belleza. Los juegos o divagaciones sobre cacería, siempre eran triunfales y carecían en absoluto del elemento peligro. Cuando aparecían en el sueño las fieras —casi siempre leones—, el peligro era lo único patente: nada de aventura, ninguna posibilidad de salvación, escapar, sortear a la fiera o llegar a una solución absurda e inconcreta —concreta y lógica en el sueño de la pastorcita— en la que las fieras pasaban y se alejaba el peligro. Este sueño, que ha seguido repitiéndose durante toda mi vida tal vez delata, en mis primeros años tan hondamente religiosos, una idea de la muerte desoladoramente material, un sentimiento de la muerte total. Porque, como acabo de decir, cuando pensaba con horror en la muerte, nunca pensaba en la mía. Odiaba a la muerte porque podía quitarme algo querido y dejarme a mí en vida, sin ello.

Era en vida donde, cuando y como yo trataba de vivir lo sobrenatural, la unión. Aquellas ráfagas que intermitentemente me arrebataban, sin ninguna idea clara, no eran más que pedir a gritos una respuesta: siempre aquí y ahora. No puedo deducir de esto que no pensase o creyese en la vida eterna. Creía y pensaba, pero dudaba. Dudaba con una angustia tan grande como mi amor por lo que quería afirmar. Y tal vez la forma irracional que tomaba mi duda —independiente de la duda lúcida en el insomnio, con invocaciones y provocaciones— no fuese más que como el terror de la liebre, de la rana, de la más vulnerable de las criaturas que sabe que puede ser comida. Sí, hoy, desde aquí, veo que la fiera era la muerte; era la acechante, la que de pronto aparece y o nos come o pasa▼.

      Rosa Chacel:
      Desde el amanecer, 1972.

▼ En *Desde el amanecer,* Rosa Chacel nos cuenta sus memorias infantiles. El terror ante las fieras se interpreta, en la visión adulta, como terror ante la muerte misma.

MI CORZA

Mi corza, buen amigo[▼],
mi corza blanca.

Los lobos la mataron
al pie del agua.

5 Los lobos, buen amigo[▼▼],
que huyeron por el río.

Los lobos la mataron
dentro del agua.

Rafael Alberti:
Marinero en tierra, 1924.

[▼] La corza es una imagen polivalente. ¿La inocencia? ¿El objeto amado? A la lectura literal se superpone otra, profunda y ambigua.

[▼▼] El vocativo «buen amigo» confiere al texto un aire dialogado, de intensa comunicabilidad remitiéndonos a fórmulas del cancionero tradicional (jarcha, cantiga de amigo, villancico...)

ELEGÍA

La niña rosa, sentada.
Sobre su falda,
como una flor,
abierto, un atlas.

¡Cómo la miraba yo
viajar, desde mi balcón!

Su dedo —blanco velero—
desde las islas Canarias
iba a morir al mar Negro.

¡Cómo la miraba yo
morir, desde mi balcón!

La niña —rosa sentada—.
Sobre su falda,
como una flor,
cerrado, un atlas.

Por el mar de la tarde
van las nubes llorando
un archipiélago de sangre.

Rafael Alberti:
Marinero en tierra, 1924.

BALADA DEL QUE NUNCA FUE A GRANADA

¡Qué lejos por mares, campos y montañas!
Ya otros soles miran mi cabeza cana.
Nunca fui a Granada.

Mi cabeza cana, los años perdidos,
5   Quiero hallar los viejos, borrados caminos.
Nunca vi Granada.

Dadle un ramo verde de luz a mi mano.
Una rienda corta y un galope largo.
Nunca entré en Granada.

10   ¿Qué gente enemiga puebla sus adarves[1]?
¿Quién los claros ecos libres de sus aires?
Nunca fui a Granada.

¿Quién hoy sus jardines aprisiona y pone
cadenas al habla de sus surtidores?
15   Nunca vi Granada.

Venid los que nunca fuisteis a Granada.
Hay sangre caída, sangre que me llama.
Nunca entré en Granada.

Hay sangre caída del mejor hermano▼.
20   Sangre por los mirtos[2] y aguas de los patios.
Nunca fui a Granada.

Del mejor amigo, por los arrayanes[3].
Sangre por el Darro[4], por el Genil[5] sangre.
Nunca vi Granada.

---

[1] Caminos situados en lo alto de una muralla

[2] Arbustos olorosos.

[3] Mirtos.

[4,5] Ríos de Granada.

▼ La sangre caída es la de F. García Lorca, fusilado en Granada.

Si altas son las torres, el valor es alto. 25
Venid por montañas, por mares y campos.
Entraré en Granada.

Rafael Alberti:
Baladas y Canciones del Paraná, 1954.

ELEGÍA A UN MOSCARDÓN AZUL

Sí, yo te asesiné estúpidamente. Me molestaba tu
zumbido mientras escribía un hermoso, un dulce
soneto de amor. Y era un consonante en —*úcar,*
para rimar con *azúcar,* lo que me faltaba. *Mais, qui
dira les torts de la rime?*   5
Luego sentí congoja
y me acerqué hasta ti: eras muy bello.
Grandes ojos oblicuos
te coronan la frente,
como un turbante de oriental monarca.   10
Ojos inmensos, bellos ojos pardos,
por donde entró la lanza del deseo,
el bullir, los meneos de la hembra,
su gran proximidad abrasadora,
bajo la luz del mundo.   15
Tan grandes son tus ojos, que tu alma
era quizá como un enorme incendio,
cual una lumbrarada de colores,
como un fanal[1] de faro. Así, en la siesta,
el alto miradero de cristales,   20
diáfano y desnudo, sobre el mar,
en mi casa de niño.

---
[1] Farol grande.

          Cuando yo te maté,
          mirabas hacia fuera,
25   a mi jardín. Este diciembre claro
          me empuja los colores y la luz,
          como bloques de mármol, brutalmente,
          cual si el cristal del aire se me hundiera,
          astillándome el alma sus aristas.

30   Eso que viste desde mi ventana,
          eso es el mundo.
          Siempre se agolpa igual: luces y formas,
          árbol, arbusto, flor, colina, cielo
          con nubes o sin nubes,
35   y, ya rojos, ya grises, los tejados
          del hombre. Nada mas: siempre es lo mismo.
          Es una granazón[2], una abundancia,
          es un tierno pujar[3] de jugos hondos,
          que levanta el amor y Dios ordena
40   en nódulos[4] y en heces[5],
          un dulce hervir no más.

                        Oh sí, me alegro
          de que fuera lo último
45   que vieras tú, la imagen de color
          que sordamente bullirá en tu nada.
          Este paisaje, esas
          rosas, esas moreras ya desnudas,
          ese tímido almendro que aún ofrece
50   sus tiernas hojas vivas al invierno,
          ese verde cerrillo
          que en lenta curva corta mi ventana,
          y esa ciudad al fondo,
          serán también una presencia oscura
55   en mi nada, en mi noche.
          ¡Oh pobre ser, igual, igual tú y yo!

          En tu noble cabeza
          que ahora un hilo blancuzco

[2] Acción de granar, germinación.
[3] Empujar, abrirse paso.
[4] Dureza redondeada que se forma en cualquier materia.
[5] Conjunto de formas alargadas.

apenas une al tronco,
tu enorme trompa
se ha quedado extendida.
¿Qué zumos o qué azúcares
voluptuosamente
aspirabas, qué aroma tentador
te estaba dando
esos tirones sordos
que hacen que el caminante siga y siga
(aun a pesar del frío del crepúsculo,
aun a pesar del sueño),
esos dulces clamores,
esa necesidad de ser futuros
que llamamos la vida,
en aquel mismo instante
en que súbitamente el mundo se te hundió
como un gran trasatlántico
que lleno de delicias y colores
choca contra los hielos y se esfuma
en la sombra, en la nada?

¿Viste quizá por último
mis tres rosas postreras?

          Un zarpazo
brutal, una terrible llama roja,
brasa que en un relámpago violeta
se condensaba. Y frío. ¡Frío!: un hielo
como al fin del otoño
cuando la nube del granizo
con brusco alón de sombra nos emplomiza el aire.
No viste ya. Y cesaron
los delicados vientos
de enhebrar los estigmas[6] de tu elegante abdo-
                                              [men
(como una góndola,
como una guzla[7] del azul más puro)
y el corazón elemental cesó

---

[6] Cicatrices.

[7] Instrumento de música de una sola cuerda.

de latir. De costado
95 caíste. Dos, tres veces
un obstinado artejo[8]   [8] Nudillo.
tembló en el aire, cual si condensara
en cifra los latidos
del mundo, su mensaje
100 final.
Y fuiste cosa: un muerto.
Sólo ya cosa, sólo ya materia
orgánica, que en un torrente oscuro
volverá al mundo mineral. ¡Oh Dios,
105 oh misterioso Dios,
para empezar de nuevo por enésima vez
tu enorme rueda!

Estabas en mi casa,
mirabas mi jardín, eras muy bello.
110 Yo te maté.
¡Oh si pudiera ahora
darte otra vez la vida,
yo que te di la muerte!

> Dámaso Alonso:
> *Hijos de la ira,* 1946.

Donde habite el olvido▼,
En los vastos jardines sin aurora;
Donde yo sólo sea
Memoria de una piedra sepultada entre ortigas
Sobre la cual el viento escapa a sus insomnios.   5

Donde mi nombre deje
Al cuerpo que designa en brazos de los siglos,
Donde el deseo no exista▼▼.

En esa gran región donde el amor, ángel terrible,
No esconda como acero   10
En mi pecho su ala,
Sonriendo lleno de gracia mientras crece el tormen-
[to.

Allá donde termine este afán que exige un dueño a
[imagen suya,
Sometiendo a otra vida su vida,
Sin más horizontes que otros ojos frente a frente.   15

Donde penas y dichas no sean más que nombres,
Cielo y tierra nativos en torno de un recuerdo;
Donde al fin quede libre sin saberlo yo mismo,
Disuelto en niebla, ausencia,
Ausencia leve como carne de niño.   20

Allá, allá lejos;
Donde habite el olvido.

Luis Cernuda:
Donde habite el olvido, 1933.

▼ Este verso está tomado de una rima de Bécquer, que dice: «En donde esté una piedra solitaria/sin inscripción alguna./Donde habite el olvido./Allí estará mi tumba.»

▼▼ El deseo es el tema central de la vida y de la obra de Cernuda. La muerte aparece como ausencia de aquella condena.

VENDRÁ EL OLVIDO

Vendrá el olvido infalible
como una esponja mojada;
nosotros somos guarismos
un momento en la pizarra.
Destellos de tiza en negro.
La negrura es la distancia;
lo blanco, la pobre gente
nacida para borrada.

> José Moreno Villa:
> *Poemas en México*, 1954.

LOS POBRES MUERTOS

Los pobres muertos no padecen nunca[▼],
Apenas piedra que se desmorona,
O polvo de retorno en pro de un fondo
Sin fibra de dolor, sin yo retrácil[1],
Sin tiempo en que se angustie la memoria.
Los pobres muertos lo han perdido todo,
Hasta aquellos jardines que no habitan,
Entre flor y ciprés, ciprés y mármol,
Bajo los nombres quizá ya confusos
Que mal invocan a los siempre ausentes.
Ausentes de sí mismos, invisibles
A las miradas de sus calaveras,
Calaveras que así no melancólicas
Presiden sin querer sus esqueletos
Con mineral tranquilidad de luna.
Los pobres muertos, en tiniebla inclusos[2],
La gran tiniebla interna de la tierra,
No guardan ni su propio ser de muertos.
Tan pobres yacen que no son ni pobres,
Forzados a ser muerte —y más terrosa,
Cada día más polvo infuso a un fondo.

Jorge Guillén:
Clamor, 1963.

[1] Capaz de retraerse.

[2] Sumidos.

▼ Aparentemente son versos libres, pero en realidad son endecasílabos.

NO LLEGUÉ A TIEMPO

Mi hermano Luis
me besaba dudando
en los andenes de las estaciones.
Me esperaba siempre
o me acompañaba para despedirme▼.

Y ahora,
cuando se me ha marchado no sé adónde,
no llegué a tiempo,
no había nadie.
Ni siquiera el eco más remoto,
ni siquiera una sombra,
ni mi reflejo sobre las blancas nubes.
Este cielo es demasiado grande.
¿Dónde estarán los hijos de mi hermano?
¿Por qué no están aquí?
Yo iría con ellos
entre cosas reales.
Tal vez pudieran darme su retrato.
Yo no quiero que estén en una alcoba
con trajes negros.
Mejor será que corran junto al río,
que corran entre flores sin mirarlas,
que nunca se detengan
como yo estoy, parado
tan al borde del mar y de la muerte.

Manuel Altolaguirre:
Nube temporal, 1939.

▼ El dolor es tan íntimo que las palabras se resisten a convertirse en literatura. La ternura las libera del peligro del prosaísmo.

ERA MI DOLOR TAN ALTO

Era mi dolor tan alto,
que la puerta de la casa
de donde salí llorando
me llegaba a la cintura▼.

¡Qué pequeños resultaban
los hombres que iban conmigo!
Crecí como una alta llama
de tela blanca y cabellos.

Si derribaran mi frente
los toros bravos saldrían,
luto en desorden, dementes,
contra los cuerpos humanos.

Era mi dolor tan alto,
que miraba al otro mundo
por encima del ocaso.

Manuel Altolaguirre:
Poesía, 1931.

▼ El dolor ante la muerte sólo encuentra expresión en esta significativa hipérbole.

DESPEDIDA

Si muero,
dejad el balcón abierto▼.

El niño come naranjas.
(Desde mi balcón lo veo.)

5　　El segador siega el trigo.
(Desde mi balcón lo siento.)

¡Si muero,
dejad el balcón abierto!

　　　　　　　F. García Lorca:
　　　　　　　Canciones, 1924.

▼ El terror a la muerte es el tema principal de la poesía de Lorca. También lo es su afán de comunicación, su deseo de derramarse en el mundo.

CANCIÓN DEL JINETE

Córdoba.
Lejana y sola.

Jaca negra, luna grande,
y aceitunas en mi alforja[1].
Aunque sepa los caminos
yo nunca llegaré a Córdoba▼.

Por el llano, por el viento,
jaca negra, luna roja.
La muerte me está mirando
desde las torres de Córdoba.

¡Ay qué camino tan largo!
¡Ay mi jaca valerosa!
¡Ay, que la muerte me espera,
antes de llegar a Córdoba!

Córdoba.
Lejana y sola.

F. García Lorca:
Canciones, 1924.

[1] Bolsa que se pone sobre las caballerías para transportar cosas.

▼ Los jinetes de Lorca nunca llegan a la ciudad. Precisamente porque son seres marginados, que viven en la noche y a los que se les niega la visión de la luz.

ROMANCE SONÁMBULO

Verde que te quiero verde.
Verde viento, verdes ramas.
El barco sobre la mar
y el caballo en la montaña.
Con la sombra en la cintura
ella sueña en su baranda[1],
verde carne, pelo verde,
con ojos de fría plata.
Verde que te quiero verde.
Bajo la luna gitana,
las cosas la están mirando
y ella no puede mirarlas.

Verde que te quiero verde.
Grandes estrellas de escarcha,
vienen con el pez de sombra
que abre el camino del alba.
La higuera frota su viento
con la lija de sus ramas,
y el monte, gato garduño[2],
eriza sus pitas[3] agrias.
¿Pero quién vendrá? ¿Y por dónde...?
Ella sigue en su baranda,
verde carne, pelo verde,
soñando en la mar amarga.
Compadre, quiero cambiar
mi caballo por su casa,
mi montura por su espejo,
mi cuchillo por su manta▼.
Compadre, vengo sangrando,
desde los puertos de Cabra[4].

[1] Barandilla.

[2] Ratero.
[3] Plantas con aguijón.

[4] Sierra unida al conjunto de Cazorla y Jaén.

▼ Con estas imágenes, Lorca expresa el deseo de los personajes trágicos de encontrar una tregua en la lucha, tregua que el mismo poeta anhelaba.

Si yo pudiera, mocito,
ese trato se cerraba.
Pero yo ya no soy yo,
ni mi casa es ya mi casa.
Compadre, quiero morir
decentemente en mi cama.
De acero, si puede ser,
con las sábanas de holanda.
¿No ves la herida que tengo
desde el pecho a la garganta?
Trescientas rosas morenas
lleva tu pechera blanca.
Tu sangre rezuma y huele
alrededor de tu faja.
Pero yo ya no soy yo,
ni mi casa es ya mi casa.
Dejadme subir al menos
hasta las altas barandas,
¡dejadme subir!, dejadme,
hasta las verdes barandas.
Barandales de la luna
por donde retumba el agua.

Ya suben los dos compadres
hacia las altas barandas.
Dejando un rostro de sangre.
Dejando un rostro de lágrimas.
Temblaban en los tejados
farolillos de hojalata.
Mil panderos de cristal
herían la madrugada.

Verde que te quiero verde,
verde viento, verdes ramas.
Los dos compadres subieron.
El largo viento dejaba
en la boca un raro gusto
de hiel, de menta y de albahaca[5].

---
[5] Planta pequeña olorosa.

¡Compadre! ¿Dónde está, dime?
¿Dónde está tu niña amarga?
¡Cuántas veces te esperó!
¡Cuántas veces te esperara,
cara fresca, negro pelo,
en esta verde baranda!
Sobre el rostro del aljibe[6]
se mecía la gitana.
Verde carne, pelo verde,
con ojos de fría plata▼.
Un carámbano[7] de luna
la sostiene sobre el agua.
La noche se puso íntima
como una pequeña plaza.
Guardias civiles borrachos
en la puerta golpeaban.
Verde que te quiero verde.
Verde viento. Verdes ramas.
El barco sobre la mar.
Y el caballo en la montaña.

[6] Depósito de agua donde se recoge la lluvia.

[7] Hielo que queda colgando cuando se hiela el agua.

F. García Lorca:
Romancero gitano, 1927.

▼ La muerte es la respuesta fatal a la búsqueda. No hay posible comunicación para los gitanos, para los condenados.

CASIDA DE LAS PALOMAS OSCURAS

Por las ramas del laurel
van dos palomas oscuras.
La una era el sol,
la otra la luna.
«Vecinitas», les dije,
«¿dónde está mi sepultura?»
«En mi cola», dijo el sol.
«En mi garganta», dijo la luna.
Y yo que estaba caminando
con la tierra por la cintura,
vi dos águilas de nieve
y una muchacha desnuda.
La una era la otra
y la muchacha era ninguna.
«Aguilitas», les dije,
«¿dónde está mi sepultura?»
«En mi cola», dijo el sol.
«En mi garganta», dijo la luna.
Por las ramas del laurel
vi dos palomas desnudas.
La una era la otra
y las dos eran ninguna.

F. García Lorca:
Diván del Tamarit, 1936.

LLANTO POR LA MUERTE DE IGNACIO SÁNCHEZ MEJÍAS▼

1

LA COGIDA Y LA MUERTE

A las cinco de la tarde.
Eran las cinco en punto de la tarde.
Un niño trajo la blanca sábana
a las cinco de la tarde.
5 Una espuerta[1] de cal ya prevenida
a las cinco de la tarde.
Lo demás era muerte y solo muerte
a las cinco de la tarde ▼▼.

El viento se llevó los algodones
10 *a las cinco de la tarde.*
Y el óxido sembró cristal y níquel
a las cinco de la tarde.
Ya luchan la paloma y el leopardo
a las cinco de la tarde.
15 Y un muslo con un asta desolada
a las cinco de la tarde.
Comenzaron los sones del bordón[2]
a las cinco de la tarde.
Las campanas de arsénico y de humo
20 *a las cinco de la tarde.*

[1] Cesta de esparto.

[2] Bastón alto.

▼ Sánchez Mejías fue un famoso torero y amigo personal del poeta, muerto por un toro en la plaza de Manzanares.

▼▼ La repetición monótona de este verso reproduce el sollozo incesante ante el duelo mortal. Las cinco de la tarde es la hora trágica en la que el hombre se enfrenta con la muerte.

¡Y el toro solo corazón arriba!
a las cinco de la tarde.
Cuando el sudor de nieve fue llegando
a las cinco de la tarde.
Cuando la plaza se cubrió de yodo
a las cinco de la tarde.
La muerte puso huevos en la herida
a las cinco de la tarde.
A las cinco de la tarde.
A las cinco en punto de la tarde.

Un ataúd con ruedas es la cama
a las cinco de la tarde.
Huesos y flautas suenan en su oído
a las cinco de la tarde.
El toro ya mujía por su frente
a las cinco de la tarde.
El cuarto se irisaba de agonía
a las cinco de la tarde.
A lo lejos ya viene la gangrena
a las cinco de la tarde.
Trompa de lirio por las verdes ingles
a las cinco de la tarde.
Las heridas quemaban como soles
a las cinco de la tarde.
El gentío rompía las ventanas
a las cinco de la tarde.
A las cinco de la tarde.
¡Ay qué terribles cinco de la tarde!
¡Eran las cinco en todos los relojes!
¡Eran las cinco en sombra de la tarde!

LA SANGRE DERRAMADA

(fragmento)

No se cerraron sus ojos
cuando vio los cuernos cerca,
pero las madres terribles
levantaron la cabeza.
5 Y a través de las ganaderías,
hubo un aire de voces secretas
que gritaban a toros celestes,
mayorales³ de pálida niebla.   ³ Capataz.
No hubo príncipe en Sevilla▼
10 que comparársele pueda,
ni espada como su espada,
ni corazón tan de veras.
Como un río de leones
su maravillosa fuerza,
15 y como un torso⁴ de mármol   ⁴ Tronco humano.
su dibujada prudencia.
Aire de Roma andaluza
le doraba la cabeza
donde su risa era un nardo
20 de sal y de inteligencia.
¡Qué gran torero en la plaza!
¡Qué gran serrano en la sierra!
¡Qué blando con las espigas!
¡Qué duro con las espuelas!
25 ¡Qué tierno con el rocío!
¡Qué deslumbrante en la feria!
¡Qué tremendo con las últimas
banderillas de tiniebla!

▼ Aquí comienza el «elogio» del muerto, propio de todas las elegías clásicas.

ALMA AUSENTE

No te conoce el toro ni la higuera,
ni caballos ni hormigas de tu casa.
No te conoce el niño ni la tarde
porque te has muerto para siempre▼.

No te conoce el lomo de la piedra,
ni el raso negro donde te destrozas.
No te conoce tu recuerdo mudo
porque te has muerto para siempre.

El otoño vendrá con caracolas,
uva de niebla y montes agrupados,
pero nadie querrá mirar tus ojos
porque te has muerto para siempre.

Porque te has muerto para siempre,
como todos los muertos de la tierra,
como todos los muertos que se olvidan
en un montón de perros apagados.

No te conoce nadie. No. Pero yo te canto.
Yo canto para siempre tu perfil y tu gracia.
La madurez insigne de tu conocimiento.
Tu apetencia de muerte y el gusto de tu boca.
La tristeza que tuvo tu valiente alegría.

Tardará mucho tiempo en nacer, si es que nace,
un andaluz tan claro, tan rico de aventura.
Yo canto su elegancia con palabras que gimen
y recuerdo una brisa triste por los olivos▼▼.

F. García Lorca:
Llanto por Ignacio Sánchez Mejías, 1935.

―――――――――――――――――――――――――――――――――――――

▼ El espíritu ausente se hunde en la nada. No hay paraíso ni esperanza, la visión de la muerte no puede ser más desoladora.

▼▼ La aliteración del fonema /i/ confiere un tono melancólico al final del poema. El dolor absoluto se convierte en tristeza contenida.

COMENTARIO 5 («Alma ausente»)

▬ ¿Hay en este poema alguna esperanza en una futura redención de la muerte? ¿Qué aspecto confiere a este fragmento su clima de desolación absoluta?

▬ ¿Está escrito este poema en versos libres?

▬ Describe la estructura del poema, atendiendo tanto al contenido como a la expresión.

▬ ¿A qué obedece la aparición de imágenes oníricas como «El otoño vendrá con caracolas, uva de niebla y montes agrupados»?

▬ En el poema se utilizan recursos como la personificación, la paradoja y la aliteración. ¿Podrías señalar un ejemplo de cada una de estas figuras?

▬ En el verso 17 se introduce la primera persona: ¿qué postura adopta Lorca, el autor, ante el carácter implacable de la muerte?

APÉNDICE

ESTUDIO DE LA OBRA

Un análisis poético se enfoca siempre desde dos ángulos complementarios, el del significado y el del significante. El significado de un poema nos conduce hacia un mundo indefinido, lleno de sugerencias, de contenido diverso y plural: los temas, los símbolos, el pensamiento que subyace en las imágenes, etc. El análisis del significante, en cambio, trata de explicar la expresividad del texto, su valor fónico y rítmico; en definitiva, la forma singular con la que se presentan las ideas y los símbolos. Ambos, significante y significado, expresión y contenido, son inseparables, y no entenderíamos un poema si no estudiáramos estos dos planos conjuntamente.

En la generación del 27, los temas son los propios de la tradición poética europea, más aquellos que surgen de la experiencia vivida de cada autor, lo que constituye su biografía. Las formas que expresan esos temas son variadas y reflejan la relación de estos poetas con la literatura de su tiempo. Temática tradicional y renovación formal son las dos tendencias opuestas y complementarias. Ambas contribuyen a singularizar a este grupo de poetas, cuya genialidad estriba en el equilibrio, en la prodigiosa convivencia de gestos contradictorios, puestos al servicio de un mismo anhelo de armonía.

El ritmo y el lenguaje

No hay en los poetas del 27 un deseo de apartarse del lenguaje común, de crear una peculiar gramática poética distinta a la que el hombre de la calle utiliza cada día. Las peculiaridades del estilo de este grupo tienen mucho que ver con las distintas tendencias literarias que alternativamente van orientando su evolución.

La corriente de revalorización de lo popular en la literatura se refleja en obras como *Marinero en tierra,* de Alberti, o *el Romancero gitano,* de García Lorca. El paralelismo, como artificio básico que ordena el contenido del poema, es una característica de muchas de las composiciones que forman estos libros. La métrica es la propia de la poesía tradicional: rimas asonantes, versos cortos y estrofas populares como el romance, la copla o el villancico. En el estilo cabe destacar las imágenes directas, llenas de contenido dramático, y la adjetivación escasa, pero con un alto valor significativo.

En contraposición a esta tendencia, hallamos otra más vanguardista, más relacionada con el deseo de cambio y el afán de originalidad. En este sentido, son los poetas del 27 los que consagran el verso libre en la poesía española, como un fenómeno normal, fruto de una libertad conquistada. El verso libre es necesario para los poetas que también quieren expresar el caos, el desorden de un mundo desequilibrado en el que no existen unos principios de valor universal. De otra forma no podría Lorca haber escrito *Poeta en Nueva York,* o Vicente Aleixandre *La destrucción o el amor.* Las imágenes insólitas, el mundo irracional del subconsciente, no se puede representar con versos rígidamente medidos, ordenados, concisos. La preferencia por este tipo de ritmo está relacionada con el influjo de los movimientos de vanguardia, primero el creacionismo y luego el surrealismo. También tiene su origen en estos movimientos la aparición de imágenes oníricas, propias del mundo de los sueños. Las sinestesias, tan utilizadas por los modernistas, no nos sorprenden ya, pues son el pan de cada día en la obra poética del grupo del 27. Incluso la disposición tipográfica tiene el carácter de recurso poético en algunas composiciones del *Manual de espumas,* de Gerardo Diego, y en muchos poemas de Juan Larrea, que nos recuerdan a los caligramas o a la poesía visual.

En otro orden de cosas, la admiración que estos jóvenes poetas sienten por los clásicos se refleja en su compromiso con la revalorización que significa la obra de Góngora. Asimismo es manifiesto su respeto por los poetas renacentistas, sobre todo Garcilaso de la Vega, y, en general, por la poesía culta del Siglo de Oro. Esta admiración les inclina a no menospreciar la métrica clásica y a servirse de ella en muchas ocasiones. Siguiendo esta línea, tanto G. Diego, en *Alondra de verdad,* como García Lorca, en *Sonetos del amor oscuro,* escriben obras casi enteramente compuestas por sonetos. Hacen patente así su maestría en la versificación y nos demuestran que la métrica clásica puede servir aún hoy como medio de expresión poética.

A los prosistas de esta generación les une la busca de un lenguaje propio, cuidado, que aspira a la perfección. En las novelas de Rosa Chacel, o incluso en los ensayos de María Zambrano, más allá de la anécdota o el concepto, encontramos el afán de creación de un nuevo lenguaje. La imagen sorprendente, la connotación singular, aparece a veces como protagonista de páginas en las que apenas se cuenta nada, pero que crean y recrean un mundo sostenido sólo en las palabras. Por eso se ha considerado a los prosistas del 27 como un antecedente del *nouveau roman* francés.

En conclusión, podríamos decir que este abanico de tendencias tiene en común el propiciar una obra plural, plena de libertad creadora. Todo, lo clásico, lo popular o lo vanguardista, encuentra su momento y su lugar en la obra de esta generación. Nada está prohibido, nada es rechazado a priori. En esta cualidad reside su carácter abierto y universal.

Los temas

Los temas de esta generación son, por una parte, los propios de la poesía de todos los tiempos: el amor, la muerte, la soledad, etc. Al lado de éstos aparecen dos temas nuevos. En primer lugar, el de aquellos poemas que nacen como un juego, como la tierna e ingeniosa expresión de lo intrascendente. En segundo lugar, y con un contenido opuesto al anterior, estos poetas desarrollan, en su etapa de madurez, el tema social, centrado no ya tanto en su mundo interior, como en la expresión de anhelos y compromisos que incluyen a sus semejantes, a los demás hombres.

El amor. —Prácticamente todos los poetas de la generación del 27 han cantado al amor. Pero quizás los grandes poetas amorosos sean tres: Cernuda, Salinas y Aleixandre.

L. Cernuda y V. Aleixandre heredan la visión romántica del amor, como entrega total. En el erotismo de Aleixandre y de Cernuda los cuerpos aparecen por primera vez como objetos únicos e insustituibles del deseo. Una característica diferencia a ambos poetas: para Cernuda el amor, tal como aparece en «No decía palabras», es una interrogación sin respuesta, un imposible que aboca a la soledad y al desengaño. En Aleixandre, en cambio, el amor se consuma y es fuente de anulación del yo individual, que se funde en el único cuerpo glorioso, apasionado. Así, el deseo triunfa sobre la destrucción y la nada.

Muy distinto a esta sensibilidad romántica de Cernuda y Aleixandre es el concepto del amor que aparece en *La voz a ti debida,* de Pedro Salinas. P. Salinas concibe el amor como un oficio, un arte que exige imaginación y esfuerzo cotidiano. Al amor hay que sostenerlo en el tiempo y protegerlo del horror. Su sensibilidad es, pues, antirromántica, ya que el amor no está sólo relacionado con la pasión de los cuerpos, sino también con la constancia de la voluntad. Pero los tres poetas coinciden finalmente en admitir como meta del deseo la fusión absoluta, la entrega total, que salva a los amantes.

El tiempo perdido. —Es un tema fundamental en la generación del 27, y en toda la poesía universal. De hecho, lo que anhela intemporalizar el poeta es precisamente lo perdido, lo que se le escapa al hombre entre las manos cada día. Este sentimiento de nostalgia se recrudece al pasar muchos de los componentes de la generación por la experiencia del exilio, la separación de la tierra y de todas sus claves familiares y cotidianas. El poeta que más sobresale en el desarrollo de este tema es Rafael Alberti, poeta de la evocación y la memoria. En su libro *Retornos de lo vivo lejano,* Alberti nos ofrece este motivo como base de la totalidad de las composiciones. El sentimiento de añoranza recorre la infancia en «Retornos a los días colegiales», el amor perdido en «Retornos al amor tal como era» o la tierra en «Retornos a los litorales españoles». La infancia, la tierra y el amor perdidos son cantados también por Cernuda, Aleixandre, Altolaguirre, etc.

La plenitud. —Este sentimiento representa el polo opuesto a la nostalgia. Si la nostalgia surge de una carencia, la plenitud expresa el presente completo, instantáneo en el goce. No es éste un tema muy frecuente en nuestra lírica: los poetas suelen cantar más bien a la memoria de las cosas que a su posesión. El hecho de que algunos poetas de esta generación lo expresen, está relacionado con el antisentimentalismo propio de su etapa inicial. El único que hace de este tema el central de su obra es Jorge Guillén, que llegó a decir en uno de sus poemas: «¡El mundo está bien hecho!, para escándalo de melancólicos y marginales.» No supone, el *Cántico* de Jorge Guillén, una aceptación de la realidad convencional, sino el asombro ante la aparición de las cosas, como milagro de la presencia cotidiana. El poeta percibe un orden, una armonía total entre él y el mundo, como por ejemplo en «Cima de la delicia» o «Las doce en el reloj».

La poesía de Pedro Salinas también participa de este mismo sentimiento afirmativo, que en su caso está relacionado con la plenitud amorosa.

El tema civil. —En su etapa inicial, los poetas de esta generación no parecen interesados por los temas sociales. Son Lorca y Emilio Prados los primeros en elaborar una poesía de carácter cívico, que expresa la angustia ante el caos del mundo que les rodea. La injusticia que sufren las víctimas inocentes se representa en imágenes oníricas que nos hablan del desorden social, en libros como *Poeta en Nueva York* (Lorca) o *Andando, andando por el mundo* (Prados).

Es tras el desastre de la guerra civil cuando la mayor parte de los componentes de la generación toman conciencia de su situación en el mundo, desde el exilio y ante la muerte y el dolor. Cada poeta lo expresa de una manera singular. Para Alberti, España es una piel de toro herido o una madre arrebatada al amor de sus hijos. Cernuda cree, por el contrario, que la verdadera España ha desaparecido tras la guerra civil. Por eso se considera un peregrino, un ciudadano de ninguna parte. Hasta Jorge Guillén, el poeta de la plenitud, da expresión en *Clamor* al lamento de las muchedumbres que sufren la violencia y el horror.

También aparece esta preocupación en los poetas del interior, Dámaso Alonso y Vicente Aleixandre. Sus obras *Hijos de la ira* (Alonso) e *Historia del corazón* (Aleixandre) enlazan con la nueva tendencia de la poesía social, que se desarrolla en España durante la década de los cincuenta.

En resumen, una generación que en su nacimiento es tachada de deshumanizada, se convierte con el paso del tiempo en un testimonio literario de resistencia y solidaridad.

La soledad. —El tema de la soledad, el hondo vacío que se refleja en el espejo del poeta, es central en muchas obras de los componentes de esta generación. Es Emilio Prados el poeta que mejor representa esta imagen del desarraigo entre el hombre y el mundo. El pozo o el jardín cerrado, sin salida, son los símbolos que utiliza para referirse al fracaso de la comunicación. La soledad es también el tema central en la obra de Luis Cernuda, soledad que se origina ante el fracaso del deseo.

La incomunicación, que conlleva la angustia del hombre que no encuentra sentido a su vida, es también el gran tema de los surrealistas, que buscan ahondar en sí mismos para descubrir las claves irracionales de su existencia. Este tema es más frecuente en la última etapa de la generación, cuando, acabada la guerra, se plantean los contenidos filosóficos fundamentales.

La muerte. —Entre todos los poetas de la generación, no encontramos ninguno que represente la visión estoica de aceptación serena de la muerte, como lo hiciera Jorge Manrique en sus *Coplas a la muerte de su padre*. En el siglo XX el hombre se enfrenta a la muerte como a una bestia invencible, o como a un misterio insondable, siempre con perplejidad y temor. José Bergamín es el poeta del grupo del 27 que trata el tema de la muerte con más profundidad filosófica. Para Cernuda y Moreno Villa, la muerte se identifica con el olvido, la región donde el deseo desaparece y con él el ansia de vida, por ejemplo en «Vendrá el olvido» (Moreno Villa) o «Donde habite el olvido» (Cernuda).

Pero es indudablemente García Lorca el poeta de la lucha diaria y cotidiana con la muerte. Su fusilamiento fue una confirmación de un destino trágico muchas veces anticipado en su poesía, y representado en el drama interior de sus personajes teatrales. A Lorca muerto se le han dedicado numerosas elegías —entre ellas destaca la que lleva el título de «Balada del que nunca entró en Granada», de Rafael Alberti—, y así su vida y su muerte ha adquirido un carácter mítico, motivado por la grandeza trágica que le tocó representar. Ya en sus primeros libros, *Canciones* y *Poemas del cante jondo,* aparece un sentimiento fatalista que no está ausente incluso en sus poemas amorosos, aun en los más delicados e ingenuos. Los gitanos de su romancero son también seres trágicos que esquivan inútilmente a la muerte agazapada, y que, como en «Canción del jinete», nunca logran llegar a la ciudad. Pero es en el *Llanto por la muerte de Ignacio Sánchez Mejías* donde el acento trágico-elegíaco de Lorca adquiere sus tonos más altos, más definitivos. La muerte del amigo es glosada con un sentimiento que va desde la rabia, en «La cogida y la muerte», pasando por el asombro, en «La sangre derramada», hasta la más terrible impotencia en «Alma ausente». La declaración final de voluntad de canto en la desesperanza, es una afirmación de la memoria, de la palabra contra la muerte, contra el olvido y la nada. Ellos, el olvido y la nada, son los fantasmas que enturbiaron siempre la alegría y la gracia naturales del poeta. Muchos de los versos que Lorca dedicó a Sánchez Mejías se han citado referidos a su propia persona, y a todos nos recorre un escalofrío cuando leemos al final de la elegía:

> Yo canto para siempre tu perfil y tu gracia.
> La madurez insigne de tu conocimiento.
> Tu apetencia de muerte y el gusto de tu boca.
> La tristeza que tuvo tu valiente alegría.

Fue, pues, García Lorca, por decisión o por destino, el poeta de la furiosa rabia de la vida, que perece impotente ante las garras de la nada.

Lo intrascendente. —Los primeros movimientos vanguardistas reivindican el arte como juego gozoso que rompe la monotonía prosaica de lo cotidiano. Cualquier cosa puede convertirse en materia poética para ultraístas y creacionistas, Esta sensibilidad es la que expresan los mejores poemas de Gerardo Diego, en *Manual de espumas*. En este libro hay una composición dedicada a un columpio, donde se afirma que Dios juega alegremente al ajedrez consigo mismo. Lo que reflejan estos poemas es un estado de gracia, de apertura ingenua al mundo. Las máquinas, los nuevos inventos técnicos, fascinan a los jóvenes de los años veinte, que ven cómo su mundo se puebla de aparatos encantados. En los poemas futuristas se canta a la perfección de la locomotora o a la elegancia irresistible del moderno automóvil. El asombro ante la súbita mecanización de la vida, lo expresa P. Salinas en composiciones dedicadas a cantar la belleza de las bombillas o la ligereza de las teclas de la máquina de escribir («Underwood girls»).

En la poesía de Lorca y Alberti, este tema se relaciona con formas y símbolos que hunden sus raíces en lo popular, en el juego infantil o en las imágenes ingenuas y tradicionales.

En definitiva, lo que aporta esta generación es una ampliación del territorio poético. Todo, incluso lo más intrascendente para una sensibilidad superficial, puede sustentar un gran poema. Sólo hace falta una nueva mirada, la mirada que origina el milagro, que convierte al mundo en materia artística.

BIOGRAFÍAS

Federico García Lorca (1898-1936)

Nació en Granada, ciudad en la que encontraría la muerte en 1936. Perteneciente a una familia acomodada y liberal, su infancia trascurrió en el campo, donde recibió la herencia de la tradición popular andaluza. Su talento no sólo abarcaba el campo de la poesía, sino también el musical y el pictórico. Realizó estudios musicales en Granada dirigidos por Manuel de Falla, y su calidad de dibujante fue asimismo reconocida. Estudió Filosofía y Letras por una imposición familiar y, después de permanecer varios años en la Residencia de Estudiantes, en 1933 viajó a la Universidad de Columbia, en EE UU.

Los retratos reproducidos son obras de Álvaro Delgado, Moreno Villa, Timoteo Pérez Rubio y José Gutiérrez Solana.

Una de sus primeras apariciones públicas fue como dramaturgo, en 1920, año del estreno de *El maleficio de la mariposa*. *Doña Rosita la soltera*, *Bodas de sangre* y *Yerma* fueron las obras con las que se consagró dentro del mundo teatral. *La casa de Bernarda Alba* es su último drama, terminado en 1935, un año antes de su muerte.

Sus comienzos como poeta datan de 1921, año en que aparece *Libro de poemas*. *Poemas del cante jondo* no lo publica hasta 1931, aunque lo escribió en la misma época que el anterior. A estos libros les siguieron *Canciones* y *Romancero gitano* (1928). El resto de su obra poética no apareció en vida del autor, aunque era conocido por sus recitales, conferencias y publicaciones en revistas. *Poeta en Nueva York* data de 1931 y *El diván del Tamarit* de una fecha posterior. Todavía hace muy poco

F. García Lorca

han aparecido los *Sonetos del amor oscuro,* obra desconocida hasta fechas muy recientes. Cuando en 1936 fue asesinado el poeta no había cumplido aún los 40 años y su obra estaba en el momento de mayor plenitud. Todos los que le conocieron lloraron su muerte.

Rafael Alberti (1902)

Nació en 1902 en Puerto de Santa María. Su primera vocación le inclinaba hacia la pintura, pero su aparición como poeta fue fulgurante. En 1925 ganaba el Premio Nacional de Literatura con *Marinero en tierra.* A esta obra le siguieron *La amante* y *El alba del alhelí.* Entre sus libros anteriores a la guerra destacan también *Cal y canto, Sobre los ángeles* y *Sermones y moradas.* Cuando todavía no había acabado la guerra civil marchó fuera de España, acompañado de M.ª Teresa León, también escritora, la mujer con la que ha vivido la mayor parte de su vida. Su exilio se reparte entre Buenos Aires y Roma, lugar que amó y en el que se sintió como un ciudadano más. De sus obras en el exilio cabría destacar *Entre el clavel y la espada, A la pintura, Retornos de lo vivo lejano, Baladas y canciones del Paraná* y *Roma, peligro para caminantes.* Desde 1977 permanece en España, su país, al que regresó después de la muerte del general Franco. En la primera legislatura de la democracia española fue elegido diputado por el grupo comunista, partido al que pertenecía desde antes de la guerra civil. Rafael Alberti sigue escribiendo. Su último libro de poemas, *Fustigada luz,* ha aparecido hace apenas dos años y publi-

Rafael Alberti

ca habitualmente en la prensa nuevos capítulos de la segunda parte de *La arboleda perdida,* su libro de memorias. En 1983 recibió el Premio Cervantes.

Pedro Salinas (1891-1951)

Madrileño, ya era catedrático de literatura cuando publicó su primer libro, *Presagios,* en 1923. A éste le siguieron *Seguro azar, Fábula y signo, La voz a ti debida* y *Razón de amor* (1936). Tras la guerra civil, vivió el resto de su vida en el exilio, en Norteamérica, continuando allí su labor docente. En EE UU. publicó otros dos libros de poemas, *El contemplado* y *Todo más claro.* Su labor literaria se completa con sus ensayos críticos sobre los clásicos. En este campo sobresalen sus trabajos sobre Jorge Manrique y Rubén Darío. También realizó una versión moderna de *El poema del Mio Cid.* Hace dos años apareció un volumen que lleva el título de *Cartas de amor a Margarita,* en el que se recoge su correspondencia amorosa con Margarita Bonmartí, la mujer que fue su esposa y a la que dedicó su libro fundamental, *La voz a ti debida.* Era un hombre pacífico, honrado y gran amante de los niños. Murió en Boston, en 1951.

Pedro Salinas

Luis Cernuda (1902-1963)

Nació en Sevilla. Fue en esta ciudad donde transcurrió su infancia y realizó sus estudios; allí conoció a Pedro Salinas, que entonces era catedrático en esta ciudad. Comenzó a

Luis Cernuda

Jorge Guillén

escribir muy pronto y, en 1929, ya contaba con dos de sus libros fundamentales: *Égloga, elegía, oda* y *Un río, un amor*. A estas obras se fueron añadiendo, antes de la guerra civil, *Los placeres prohibidos, Donde habite el olvido* e *Invocaciones* (1935). Era un hombre reservado y de carácter difícil, que soportó muy mal la soledad del exilio. Después de la guerra, vivió en Inglaterra y Norteamérica, dedicado a la enseñanza. En el exilio escribió *Las nubes, Como quien espera el alba, Vivir sin estar viviendo*, y su gran libro, *Desolación de la quimera* (1962), testimonio patético de marginación y desarraigo. Un año después moría en Méjico. A sus libros de poemas habría que añadir una obra en prosa, *Ocnos*, y numerosos textos críticos de carácter literario.

Jorge Guillén (1893-1984)

Nació en Valladolid. Como Salinas, ganó pronto las oposiciones a catedrático de literatura. Su aparición en el panorama poético fue bastante tardía. La primera versión de *Cántico* no se publicó hasta 1928. Esta obra tuvo cuatro ediciones y, de los 65 poemas que componían la obra en 1928, se pasó en la última edición a 334. El resto de su obra está formado por la trilogía *Clamor* —que se compone de *Maremágnum, Que van a dar a la mar* y *A la altura de las circunstancias*—, y *Homenaje y otros poemas* (1973). *Clamor* fue escrita en el exilio, en Norteamérica. También residió en Italia, donde contrajo matrimonio en segundas nupcias. Jorge Guillén regresó a España y se estableció en Málaga después de la muerte de Franco, aunque ya había vuelto a su país en otras ocasiones, de forma esporádica. Su última obra, *Final,* fue publicada en 1981. Antes de morir, recibió el Premio Cervantes, como reconocimiento a su labor poética.

Vicente Aleixandre (1898-1984)

V. Aleixandre

Nació en Sevilla, y muy pronto, a los tres años, su familia se trasladó a Málaga. Su afición a la poesía creció a la par de su amistad con Dámaso Alonso, compañero inseparable en los años de adolescencia. En 1927 culmina su primera obra, *Ámbito,* y un año después, *Pasión de la tierra.* Su salud fue siempre muy precaria y le mantuvo aislado durante largas temporadas. En 1932 publica *Espadas como labios* y, dos años después, *La destrucción o el amor.* Fue de los pocos componentes de la generación del 27 que permanecieron en España tras la guerra civil. Durante los largos años de la dictadura su magisterio silencioso ayudó a que se conformaran varias generaciones de poetas, que visitaban asiduamente su casa madrileña en la calle Welintonia. Después de la guerra publicó *Sombra del paraíso* (1944), *Historia del corazón* (1954), etc. Su último libro apareció en 1974, *Diálogos del conocimiento.* Recibió Vicente Aleixandre el Premio Nobel de Literatura en 1977, como reconocimiento a su enorme obra poética y también como representante de una generación gloriosa de la que había en aquel momento muy pocos supervivientes.

Dámaso Alonso (1898)

Nació en Madrid en 1898. Desde su adolescencia se interesó por el estudio de los clásicos. Su vocación poética la comparte con la profesión de lingüista y crítico literario. Catedrático de Filología Románica, su magisterio ha sido fundamental para muchas generaciones de estudiantes de literatura, pues, como ya apuntamos, no abandonó España tras la guerra civil. Su primer libro de poesía, *Poemas puros. Poemillas de la ciudad,* lo publicó en 1921; sin embargo, las grandes obras de Dámaso Alonso aparecen después de la guerra civil: *Oscura noticia* e *Hijos de la ira,* en 1944; *Hombre y Dios* y *Gozos de la vista,* años después. Dámaso Alonso ha sido Presidente de la Real Academia Española durante catorce años, función que abandonó en 1983. Su última obra, editada en 1985, es *Duda y Amor sobre el Ser Supremo.*

Dámaso Alonso

Gerardo Diego (1896)

Nació en 1896 en Santander. Ha trabajado como catedrático de literatura en institutos de Soria, Santander, Gijón y Madrid. Recibió, junto a Rafael Alberti, el Premio Nacional de Literatura en 1925, y también posee el Premio Cervantes, que compartió con Jorge Luis Borges. Es el poeta de la generación del 27 que comenzó a escribir en una fecha más temprana. En 1920 publicó su primer libro, *El romancero de la novia*. Más tarde aparecen sus obras vanguardistas *Imagen* y *Manual de espumas*. En la línea clásica ha publicado *Versos humanos* y *Alondra de verdad* (1941), entre otros. Su último libro, *Carmen jubilar*, apareció en 1975.

Emilio Prados (1899-1962)

Malagueño, como Altolaguirre y, de adopción, Aleixandre, del que fue compañero de colegio en su primera infancia. Fue alumno en la Institución Libre de Enseñanza y convivió con García Lorca en la Residencia de Estudiantes, en Madrid. En su imprenta *Sur*, realizó numerosas publicaciones junto a su buen amigo Manuel Altolaguirre. Aunque no pertenecía a ningún partido político, fue un hombre muy preocupado por los problemas sociales, como lo demostró durante la guerra civil, en la que tomó parte activa como intelectual y como soldado. Su primer libro, *Tiempo*, apareció en 1925. Es durante el período de la República y la guerra cuando Emilio Prados llega a su madurez literaria con obras como *Andando, andando por el mundo* (1935), *Llanto de sangre* (1937) y *Can-*

Gerardo Diego

Emilio Prados

Manual Altolaguirre

cionero menor para combatientes. En el exilio escribe su libro fundamental, *Jardín cerrado.* Poeta de la soledad, fue un hombre bondadoso, profundo y sencillo. Murió en Méjico en 1962.

Manuel Altolaguirre (1905-1954)

Nacido en Málaga, Altolaguirre era el poeta más joven de la generación. Primero, en colaboración con Emilio Prados, después ayudado por su mujer, Concha Méndez, editó las grandes revistas en que se dieron a conocer los distintos poetas del grupo: *Ambos, Litoral, Héroe, 1616* y *Caballo verde para la poesía.* Sus mejores libros de poesía probablemente son los de su juventud: *Las islas invitadas y otros poemas* (1926), *Ejemplo* (1927), *Poesía* (1930-31) y *La Libertad* (1936). Después de la guerra civil, vivió primero en Cuba, donde publicó *Nube temporal* (1939) y, a partir de 1943, en México, donde escribió *Fin de un amor* (1949) y *Poemas en América* (1955). Durante los últimos años de su vida empezó a dedicarse al cine. En el verano de 1959 visitó España con el fin de presentar una película suya, *El cantar de los cantares,* en el Festival de San Sebastián. Unos días después de presentarla, murió en un accidente de automóvil. Todos recuerdan sus grandes cualidades humanas, su generosidad ilimitada. Sin embargo, como señaló Cernuda, también era un gran poeta.

José Moreno Villa (1887-1955)

Malagueño, conoció a los poetas del 27 en la Residencia de Estudiantes. Después de graduarse en Químicas en la Universidad de Friburgo, estudió la carrera de Historias en Madrid. Uno de sus primeros libros de poemas, *El pasajero,* apareció en 1914. Sus obras fundamentales, *Jacinta la pelirroja* (1929) y *Carambas* (1931) están relacionadas con la generación vanguardista. En 1937 viajó a América y ya no volvió nunca a España por razones políticas. Entre sus obras del exilio sobresalen *La noche del verbo* y *Voz en vuelo a su cuna* (1961), libro póstumo. Murió en Méjico en 1955.

José Moreno Villa

Rosa Chacel (1898-)

Nació en Valladolid, como Jorge Guillén. En su adolescencia su familia se trasladó a Madrid, al barrio de Maravillas, que con el tiempo daría nombre a una de sus mejores novelas. En Madrid estudió en la Escuela de Bellas Artes y allí conoció también al que sería su esposo, el pintor Timoteo Pérez Rubio. Sus primeras publicaciones aparecen en *La Revista de Occidente* y *La gaceta literaria.* Su primera novela, *Estación ida y vuelta,* la publicó en 1930. A ésta le siguió *Teresa,* biografía de la mujer que inspiró «el canto» a Espronceda. Cuan-

Rosa Chacel

do llegó la guerra civil, Rosa Chacel ya tenía en la cabeza el proyecto de *Las memorias de Leticia Valle.* Durante la guerra se situó claramente a favor del bando republicano. Su exilio transcurre en Brasil, donde escribe su obra fundamental, *La sinrazón,* y *Desde el amanecer,* un libro de memorias de infancia. En 1974 vuelve a España, donde continúa su trabajo de creación.

José Bergamín (1895-1983)

Nació en Madrid. Su labor literaria se reparte entre el ensayo, el teatro y la obra poética. Su obra se inicia con *El cohete y la estrella,* libro de aforismos publicado en 1923. Entre sus ensayos destaca *La decadencia del analfabetismo* (1931). Partidario de la república, en el año 1939 se exilió en Méjico y, después de una primera vuelta a España en 1959, fue desterrado en París. Acabada la dictadura franquista, regresó definitivamente a su patria, donde permaneció hasta su muerte. Entre sus obras poéticas destacan *Mariposas muertas, Duendecillos y coplas,* y entre sus últimos libros: *Apartada orilla* (1976) y *Velado desvelo* (1977).

José Bergamín

ÍNDICE DE AUTORES

Alberti, Rafael: 35, 36, 37, 39, 54, 55, 56, 96, 97, 122, 123, 139, 140, 141, 154, 155, 156, 184, 185, 186.
Aleixandre, Vicente: 43, 45, 47, 58, 61, 63, 101, 125, 128, 131, 164, 181, 182,
Alonso, Dámaso: 48, 106, 138, 173, 187.
Altolaguirre, Manuel: 42, 76, 77, 102, 103, 104, 147, 194, 195.
Bergamín, José: 82, 105, 106, 137, 180.
Cernuda, Luis: 32, 33, 50, 51, 53, 90, 91, 93, 133, 135, 136, 191.
Chacel, Rosa: 57, 123, 166, 182.
Diego, Gerardo: 78, 79, 80, 168, 169, 170, 171, 172.
García Lorca, Federico: 83, 84, 85, 87, 88, 109, 110, 111, 113, 114, 148, 149, 175, 176, 177, 178, 196, 197, 198, 201, 202, 204, 205.
Guillén, Jorge: 41, 42, 73, 74, 75, 118, 120, 145, 146, 162, 165, 193.
Moreno Villa, José: 65, 66, 101, 132, 157, 158, 192.
Prados, Emilio: 80, 81, 98, 100, 143, 159.
Salinas, Pedro: 67, 69, 70, 71, 104, 116, 160.

BIBLIOGRAFÍA

ALONSO, Dámaso: *Poetas españoles contemporáneos.* Editorial Gredos, Madrid, 1969.

En este libro Dámaso Alonso nos ofrece una panorámica general de la poesía española de la primera mitad del siglo, desde don Antonio Machado hasta Leopoldo Panero. El cuerpo central del libro está dedicado al análisis de la obra de los poetas del 27.

CERNUDA, Luis: *Estudios sobre poesía española contemporánea.* Editorial Guadarrama, Madrid, 1957.

Es interesante conocer, como en el caso de Dámaso Alonso, la visión personal de un poeta sobre su propia generación: las reflexiones de Cernuda, aunque no son sistemáticas, nos ofrecen una visión aguda e intuitiva.

CIPLIJANSKAITE, Biruté: *Jorge Guillén.* «El escritor y la crítica». Taurus, Madrid, 1975.

DEBICKI, Andrew: *Estudios sobre poesía española contemporánea. La generación de 1924-1925.* Editorial Gredos, Madrid, 1981.

Además de proporcionarnos una definición histórica y temática de la generación del 27, Debicki acomete el análisis individual de los principales poetas de la generación.

DURÁN, Manuel: *Rafael Alberti*. «El escritor y la crítica». Editorial Taurus, 1975.

El escritor y la crítica es una colección de monografías sobre las grandes personalidades de nuestra literatura. Manuel Durán recoge y selecciona en este libro los mejores ensayos publicados sobre la obra de Alberti.

GIL, Ildefonso-Manuel: *Federico García Lorca*. «El escritor y la crítica». Editorial Taurus, Madrid, 1975.

Este libro pertenece a la misma colección que el anterior, y posee las mismas características, aplicadas a la obra de García Lorca.

HARRIS, Derek: *Luis Cernuda*. «El escritor y la crítica». Editorial Taurus, Madrid, 1977.

NAVARRO TOMÁS, Tomás: *Los poetas en sus versos: desde Jorge Manrique a García Lorca*. Ariel, Barcelona, 1973.

Al final de este volumen aparecen dos ensayos muy interesantes para el estudio de la métrica de la generación del 27: «Intuición rítmica de García Lorca» y «En torno al verso libre».

RICO, Francisco: *Historia crítica de la literatura española* (tomo VII), *Época contemporánea: 1914-1939*. Editorial Crítica, Barcelona, 1984.

Este manual recoge los artículos críticos más importantes publicados a lo largo de los años sobre el tema de la generación del 27, ocupándose tanto de los poetas como de los prosistas y dramaturgos. Es muy útil como libro de consulta.

TÍTULOS PUBLICADOS

1. *Lazarillo de Tormes*, anónimo.
2. *La vida es sueño*, Pedro Calderón de la Barca.
3. *Rimas y leyendas*, Gustavo Adolfo Bécquer.
4. *Cuentos*, Leopoldo Alas, «Clarín».
5. *Romancero*, varios.
6. *Rinconete y Cortadillo*, Miguel de Cervantes Saavedra.
7. *Fuente Ovejuna*, Félix Lope de Vega y Carpio.
8. *El sí de las niñas*, Leandro Fernández de Moratín.
9. *El sombrero de tres picos*, Pedro Antonio de Alarcón.
10. *Platero y yo*, Juan Ramón Jiménez.
11. *La Celestina*, Fernando de Rojas.
12. *El casamiento engañoso* y *El coloquio de los perros*, Miguel de Cervantes Saavedra.
13. *Don Álvaro o la fuerza del sino*, Ángel de Saavedra (duque de Rivas).
14. *San Manuel Bueno, mártir*, Miguel de Unamuno.
15. *Antología poética*. Antonio Machado.
16. *Antología de poesía barroca*, varios.
17. *El caballero de Olmedo*, Félix Lope de Vega y Carpio.
18. *Artículos*, Mariano José de Larra.
19. *Bodas de sangre*, Federico García Lorca.
20. *Tres sombreros de copa*, Miguel Mihura.
21. *Antología poética de los siglos XV y XVI*, varios.
22. *El alcalde de Zalamea*, Pedro Calderón de la Barca.
23. *Antología de la Generación del 27*, varios.
24. *Don Quijote de la Mancha*, I, Miguel de Cervantes Saavedra.
25. *Don Quijote de la Mancha*, II, Miguel de Cervantes Saavedra.

© De los textos literarios incluidos en la antología, respectivamente: herederos de M. Altolaguirre; R. Alberti; herederos de V. Aleixandre; herederos de D. Alonso; herederos de J. Bergamín; herederos de L. Cernuda; herederos de R. Chacel; herederos de G. Diego; herederos de J. Guillén; herederos de F. G. Lorca; herederos de J. Moreno Villa; herederos de E. Prados; herederos de P. Salinas, 1987
© De la introducción, comentarios, apéndices y notas: GRUPO ANAYA, S. A. Madrid, 1987. © De esta edición: GRUPO ANAYA, S. A. Juan Ignacio Luca de Tena, 15. 28027 Madrid - Depósito Legal: S. 991-2008 - ISBN: 978-84-207-2797-4 - Impreso en Gráficas Varona. Polígono «El Montalvo», parcela 49. 37008 Salamanca - Impreso en España/Printed in Spain.

Reservados todos los derechos. El contenido de esta obra está protegido por la Ley, que establece penas de prisión y/o multas, además de las correspondientes indemnizaciones por daños y perjuicios, para quienes reprodujeren, plagiaren, distribuyeren o comunicaren públicamente, en todo o en parte, una obra literaria, artística o científica, o su transformación, interpretación o ejecución artística fijada en cualquier tipo de soporte o comunicada a través de cualquier medio, sin la preceptiva autorización.